小林カツ代の あっという間の おかず

人気レシピ91

小林カツ代キッチンスタジオ

大和書房

はじめに… 「カツ代の法則」あっという間に作った料理はおいしい！ ── 4

時間がなくても、これさえあれば！ 肉のおかず ── 5

●豚肉
- とんじゃが ── 6
- 豚しゃぶレタスあえ ── 8
- 四川風肉キャベツ ── 10
- なすと豚肉のみそ炒め ── 11
- スピード生姜焼き ── 12
- おかずシチュー ── 14
- 豚肉と卵の煮物 ── 15
- 洋風ほっぽり鍋 ── 16

●牛肉
- チゲ鍋 ── 18
- 肉じゃがカレー味 ── 20
- すぐできるハヤシライス ── 21
- ねぎすき焼き ── 22
- レタスと牛肉の炒め物 ── 24
- ピーマンと牛肉のオイスターソース炒め ── 25

●鶏肉
- 鶏のから揚げ ── 26
- 鶏肉のクリーム煮 ── 28
- インディーラチキン ── 29
- 里芋と鶏肉のたっぷり煮 ── 30
- かぼちゃと鶏肉の甘辛煮 ── 31
- 鶏のきこり煮トマト味 ── 32
- 鶏肉のきのこチーズ焼き ── 33
- 即席酢鶏 ── 34

たっぷり食べると安心！ 野菜のおかず ── 67

- とにかく便利なドレッシング2種と合わせみそ ── 68
- 鶏とわかめのごまドレッシング ── 70
- 新キャベツのじゃこサラダ ── 71
- 大根ときゅうりの生姜酢 ── 72
- ほうれん草のサラダ ── 73
- にんじんとスプラウトのサラダ ── 74
- 大人のかぶサラダ ── 75
- 春菊サラダ ── 76
- サニーレタスのサラダ ── 77
- トマトのスイートサラダ ── 78
- 大根と大根葉のサラダ ── 79
- きゅうりの辛味漬け ── 80
- ジャーマンポテト ── 81
- コーンと緑のサラダ ── 82
- 白菜のゆずあえ ── 83
- もやしのゆであえ ── 84
- 春菊のごまあえ ── 85
- 春雨のエスニックサラダ ── 86
- 春雨ときゅうりのサラダ ── 87
- グリーンアスパラのごまあえ ── 88
- 涼拌なす ── 90
- なすの炒め煮 ── 91
- なすのソース味 ── 92

魚のおかず

すぐできる！家で食べたい

- らくらくエビチリ — 35
- 簡単！ブリ大根 — 36
- 白身魚のケチャップあん — 38
- 魚の風味漬け — 40
- 魚のベーコン巻きステーキ — 41
- イワシのかば焼き — 42
- 魚のムニエル — 44
- 金目鯛の煮つけ — 45
- イワシの梅干し煮 — 46
- サバの煮つけみそだれ — 48
- かぶと魚介のシチュー — 49
- 魚介のトマトシチュー — 50
- 52

卵のおかず

忙しい人の味方です。

- ほうれん草と卵のグラタン — 53
- 和風きのこオムレツ — 54
- おかずオムレツ — 56
- 目玉焼きで晩ご飯！ — 57
- きのこと卵のにんにく炒め — 58
- エビ玉丼 — 60
- お助け卵丼 — 61
- かきたま汁 — 62
- 春雨と卵のスープ — 64
- イタリアン卵スープ — 65
- — 66

おかず汁物

心まであったまる…

- ホッとするけんちん汁 — 111
- 人気の豚汁 — 112
- きのこすいとん — 114
- 五目つみれ汁 — 11
- ミネストローネ — 117
- かぶとベーコンのスープ — 118
- — 119

- 大根のゆず香 — 93
- 竹の子のおかか煮 — 94
- 切り干し大根の煮物 — 96
- ぜんまいの炒め煮 — 97
- きんぴらピーマン — 98
- さつま芋のみつ煮 — 99
- アスパラのチーズ炒め — 100
- じゃが芋のにんにくタラコ炒め — 101
- 白菜のおかか煮 — 102
- もやし卵 — 103
- にらの卵とじ — 104
- 小松菜直炒め — 106
- ほうれん草のゆでソテー — 107
- ポテトの即席グラタン — 108
- 絹さやと麩の煮物 — 110

※本書で使用している1カップは200㏄、大さじ1は15㏄、小さじ1は5㏄です。
※オーブンの調理時間は目安です。
※カロリーは原則、1人分の熱量

....はじめに ★カツ代の法則★

あっという間に作った料理はおいしい！

あっという間に作った料理は、ほとんど間違いなくおいしいということをご存じですか？

その理由は、

忙しくても、時間がなくても、

「おいしいもの食べたい！」「食べさせたい！」

だから、気合いが入る！

そのあと、少しでもらくをしてください。

どうぞ、後ろめたさを感じずにあっという間におかずを作ってください。

あっという間、といっても少し時間のかかる料理もあります。でも作り方はいたって簡単なものばかり。どれも白いご飯によく合います。忙しいあなた、とにかく作りましょ、そしておいしく食べましょ！

時間がなくても、これさえあれば！

肉のおかず

豚肉

とんじゃが

あっという間のおかず人気ナンバーワンは、やっぱり肉じゃがです。
これは庶民の味方、豚ばらで作る肉じゃが。
でもおいしさは抜群です！
つい食べ過ぎてしまうかも。

作り方

❶玉ねぎは2㎝幅のくし形に切る。じゃが芋は大きめの一口大に切り、一度ザブッと水洗いして、水気を切る。いんげんは長さを半分に切る。肉は食べよい長さに切る。
❷鍋に、ⓐと玉ねぎを火にかける。フツフツしてきたら、肉をほぐしながら加え、コテッと煮からめる。
❸肉がうまそうな色に煮えたら、じゃが芋を加え水をヒタヒタに注ぎ、フタをして強めの中火で10分煮る。
❹全体を一度混ぜ、いんげんを上にポンとのせ、さらに3分程フタをして煮る。

材料（2人分）
豚ばら薄切り肉 —— 150g
玉ねぎ —— ½個
じゃが芋 —— 2個（300g）
ⓐ ┌ 酒 —— 大さじ1.5
　 ├ 醤油 —— 大さじ1.5
　 └ 砂糖 —— 小さじ2
水 —— 1.5カップ位
いんげん —— 50g
440kcal

⏱ 15分

料理のPOINT

最初に肉にコテッとしっかりめに味つけをしてからじゃが芋と水を入れる。このポイントを押さえると、少ない調味料で、甘辛味もしっかりホックリ煮上げることができる。

豚しゃぶレタスあえ

肉をゆでている間に野菜や薬味を切るだけの、ささっと実に手早くできる一品です。肉はしゃぶしゃぶ用でなく、普通の薄切り肉で。さっぱりしているので、ペロリと食べてしまいます。

材料（2人分）
- 豚薄切り肉 —— 150g
- ⓐ
  - 和風ドレッシング※ —— 大さじ3
  - にんにく（すりおろし） —— 少々
  - 薬味（刻んだ細ねぎや青じそ） —— 大さじ山3
  - 白いりごま —— 大さじ1
- レタス —— 3〜4枚
- トマト —— 1個

10分

256kcal

※和風ドレッシングは市販のものでもOKですが、「冷蔵庫で1ヶ月半もつ」ドレッシングの作り方を69頁で紹介しています。

作り方
❶ レタスは大きめの一口大にちぎる。トマトは縦2つに切り、横に薄切りにする。

❷ ボウルにⓐを合わせておく。細ねぎは小口切り、青じそは縦2つに切ってからせん切りにする。

❸ 豚肉は長さを2つに切って、熱湯で色が完全に変わるまでゆで、水気を切る。

❹ ゆでた豚肉をⓐにからめ、食べる直前にレタスとトマトをあえる。

お役立ちMEMO

ニッポンハーブの代表ともいえる、しそ・みょうが・生姜の薬味たち。これらをうまく食事に取り込むことで、香りゆたかになり、味の幅も広がります。食欲のない時などにもおすすめ。

四川風肉キャベツ

ピリッと辛いのでご飯がすすみます。挽き肉もキャベツも火が通りやすいので、えっ、もう？はい、できあがり！

材料（2人分）

- 豚挽き肉 —— 150g
- ⓐ
  - みそ —— 小さじ2 ※
  - 砂糖 —— 小さじ½
  - みりん —— 小さじ1
  - にんにく（すりおろし） —— 1かけ
  - 豆板醤 —— 小さじ½
- にんじん —— 4cm
- キャベツ —— 4枚
- ごま油 —— 大さじ1

272kcal

※ 69頁で紹介している「合わせみそ」なら大さじ1

10分

作り方

❶ にんじんは細切り、キャベツはザクザクと一口大に切る。

❷ ⓐは合わせておく。

❸ フライパンにごま油を熱し、豚挽き肉を強火で炒める。全体に火が通ったら、弱火にしてⓐを加えて少し炒める。

❹ ❸ににんじん、キャベツの順に加え、再び火を強め、一気に炒め合わせる。キャベツがしんなりしてきたところで火を止め、すぐ器に盛りつける。この「すぐ」が大事！

豚肉

なすと豚肉のみそ炒め

にんにくの風味で、さらに味アップの強力おかずです。

材料（2人分）
- なす —— 4本
- サラダ油 —— 大さじ1.5
- 豚こま切れ肉 —— 100g
- ⓐ
  - みそ —— 大さじ1
  - 砂糖 —— 小さじ2 ※
  - みりん —— 小さじ1
  - にんにく（すりおろし）—— 少々
- 細ねぎ（ブツ切り）—— 5本

271kcal　15分

※ 69頁で紹介している「合わせみそ」なら大さじ山1

料理のPOINT

なすは、切ったら海水位（水1カップに塩小さじ1）の塩水に数分つける。アク抜きと油の吸い込みすぎを防ぐのが目的です。

作り方

❶ なすは縦2つに切り、縦に1cm幅に切ってすぐ塩水につけ、水気を切る。ⓐは合わせておく。

❷ フライパンか中華鍋にサラダ油を熱し、なすを強火で焼きつけるように炒め、いったん取り出す。

❸ ❷の鍋に豚肉を入れ中火で炒め、肉の色が変わったらⓐを加える。強火にして❷のなすを戻して細ねぎを加えて手早く炒め合わせる。すぐに器に盛りつける。

スピード生姜焼き

白いご飯によく合うみんな大好きおかずといえば、豚の生姜焼き！ ことに男性は好きです。この作り方は、下味不要だからすぐできる。焼いて、たれをジュッとからめるだけです。

10分

材料（2人分）
- 豚薄切り肉 —— 200g
- サラダ油 —— 小さじ1
- ⓐ
  - 生姜（すりおろし）—— 小さじ1
  - 砂糖 —— 小さじ½
  - 酒 —— 小さじ2
  - 醤油 —— 大さじ1
- ちぎったレタス —— 4枚
- カットしたトマト —— 1個分

236kcal

作り方
❶ すぐできてしまうので、つけ合わせの野菜は器に用意しておく。
❷ ⓐを合わせておく。
❸ フライパンを強めの中火にかけ、熱々になったら、サラダ油を回し入れ、豚肉を焼く。両面焼けたら、いったん火を止めてからⓐをジャーッ！と入れ、大急ぎでからめ、盛りつける。

お役立ちMEMO

生姜焼きには肩ロースやロースなど、少し脂が入っている方がおいしい。急ぐ時には、少し厚めの生姜焼き用より薄切りが早い。
生姜のすりおろしは、皮ごとすりおろす方が、香りと味が引き立ちます。

豚肉 おかずシチュー

出かける前とか、風邪をひいている時って、面倒なことはあまりしたくありませんね。野菜を切って豚肉とコトコト煮るだけの実に簡単なおかず。

材料（2人分）

- 豚薄切り肉 —— 200g
- 塩 —— 小さじ½
- にんにく —— ½かけ
- 玉ねぎ —— 1個
- にんじん —— 1本
- じゃが芋（メークイン） —— 2個
- ブロッコリー —— ½株
- サラダ油 —— 大さじ1
- ⓐ 水 —— 3.5カップ
  固形スープの素 —— 1個
  こしょう —— 少々

431kcal　25分

作り方

❶ にんにくはつぶす。玉ねぎは縦4等分、にんじんは1cmの輪切りにする。じゃが芋は大きく2つに切る。ブロッコリーは小房に切り分ける。

❷ 豚薄切り肉は、長さを2つに切って、塩をまぶしておく。

❸ 厚手の鍋にサラダ油を熱し、ブロッコリー以外の野菜を強火で炒める。熱々になったら、ⓐを加える。

❹ フツフツしてきたら、豚肉をほぐしながら入れて再び煮立て、弱火で15分程煮る。

❺ じゃが芋に火が通ったら、ブロッコリーを加え2〜3分煮る。味をみて、塩・こしょう（分量外）で調える。

豚肉と卵の煮物

豚肉とねぎの煮汁がしみ込んだ煮卵のおいしさ！実は主役は煮卵かもしれません。酒の肴(さかな)にもおすすめ。

材料（2人分）
- 豚肩ロース薄切り肉 —— 150g
- 長ねぎ —— 1/2本
- a
  - 水 —— 1/2カップ
  - 酒 —— 大さじ2
  - 醤油 —— 大さじ2
  - 砂糖 —— 大さじ2
- ゆで卵 —— 2個
- オクラ —— 6本
- 溶き辛子 —— 適量

352kcal

10分

作り方
1. 豚肉は長さを半分に、長ねぎは斜め薄切りにする。オクラはヘタを切り落とす。
2. ゆで卵の殻をむく。
3. ⓐを火にかけ、フツフツしてきたら、豚肉、長ねぎを加え、強めの中火で6分程コトッと煮る。
4. ゆで卵を鍋底にしのばせ、肉でおおう。
5. オクラをポンとのせ、フタをして中火にかける。3分程煮てオクラに火が通ったらできあがり。卵は2つに切って盛りつけるときれい。溶き辛子を添えて。

お役立ちMEMO
ゆで卵は固ゆで、半熟と好みが分かれます。固ゆでは水から中火にかけ、沸騰してから10分、半熟は沸騰してから5分前後がゆで時間の目安。

洋風ほっぽり鍋

大胆に切った山盛りの野菜を、鍋にギュギュッと詰め込み、あとはしばし火にかけてほったらかすだけ。翌日がまたおいしいのです！

材料（2人分） 35分
- キャベツ —— ½個
- にんじん —— 1本
- セロリ —— 1本
- フランクフルト —— 2〜4本
- ⓐ
  - 水 —— 3.5カップ
  - 固形スープの素 —— 1個
  - ベイリーフ —— 1枚
  - 塩・こしょう —— 各少々

188kcal

作り方

❶ キャベツは芯のついたまま、2つに切る。にんじんは長さを2つに切って、縦2つに切る。セロリはスジを取り、10cm長さのブツ切りにする。

❷ フランクフルトは斜めに浅く、切り目を入れる。

❸ 鍋に❶と❷をギュギュッと詰め込み、ⓐも加えフタをして中火にかける。

❹ フツフツしてきたら、弱火にしてキャベツが柔らかくなるまで、30分程煮込む。味をみて塩・こしょう（分量外）で調える。

料理のPOINT

こんな鍋からはみ出さんばかりにある野菜も、火にかけてるうちにかさが減り、フタも閉まります。沢山野菜を食べたいなというときはこんな温野菜を思いっ切り食べましょう。春先の新キャベツの場合、煮込み時間は多少短くても大丈夫です。

牛肉

チゲ鍋

チゲ鍋は、冬なら体の芯までぽっかぽかになります。夏なら汗をかきかき、元気いっぱいに。辛味はキムチで調節します。牛肉は切り落としで十分おいしい。野菜もたっぷり召し上がれ。

⏱ 15分

材料（2人分）
- 牛切り落とし肉 —— 150g
- ⓐ
  - ごま油 —— 大さじ1
  - にんにく（すりおろし） —— 少々
  - 醤油 —— 大さじ1
  - 酒 —— 大さじ1
- ⓑ
  - 湯 —— 3.5カップ
  - 固形スープの素 —— 1個
- 白菜 —— ⅙個
- 長ねぎ —— 1本
- えのき茸 —— 小1パック
- 木綿豆腐 —— ½丁
- 水菜 —— 適量
- 白菜キムチ —— ½カップ

361kcal

作り方

❶ 白菜は葉と軸に切り分け、葉はザクッと大きく切り、軸は繊維にそって縦に細切りにする。長ねぎは斜めに1cm幅に切る。

❷ えのき茸は根元の部分を切り落とし、水菜はザク切りにする。豆腐はザッと水洗いしたら、4つに切る。ⓑは溶かしておく。

❸ 鍋の中を水でザッとぬらし、牛肉を置き、ⓐを加えて手でモミモミと肉に下味をつける。

❹ ❸をそのまま、中火にかける。

❺ 肉を時々返しながら、火が通ってきたら、ⓑのスープを加えて白菜の軸、葉、長ねぎ、豆腐、えのき茸を次々加えていく。白菜が煮えてきたら、キムチをどんと加え味を調えて、水菜を入れつつ食べる。

料理のPOINT

白菜のおいしい切り方。
まず葉と軸に切り分けます。葉はザクッと大きく切り、軸は繊維にそって細く切ります。
軸は、鍋の時は長いままでもOKですが、あえもの（83頁）やおひたしにする時は、長さを半分に切ると食べやすい。

牛肉

肉じゃがカレー味

懐かしいおそば屋さんの匂い！
カレー醤油味はご飯によく合います。

15分

材料（2人分）
牛薄切り肉 ── 150g
玉ねぎ ── ½個
サラダ油 ── 少々
ⓐ ┌ 砂糖 ── 小さじ½
　├ みりん ── 小さじ2
　└ 醤油 ── 大さじ1.5
じゃが芋 ── 2個（300g）
水 ── 2カップ
ⓑ ┌ カレー粉 ── 小さじ2
　├ 片栗粉 ── 小さじ2
　└ 水 ── 小さじ2

330kcal

作り方
❶ 玉ねぎは半分に切り、2cm幅のくし形に切る。牛肉は長さを3つ位に切る。じゃが芋は大きめの一口大に切り、水でザブリと洗う。
❷ 鍋にサラダ油を熱し、玉ねぎを中火で炒める。全体に油がまわったら、玉ねぎを端に寄せ、鍋底に肉を置き、すぐにⓐを加える。
❸ フツフツしてきたら肉をほぐす。肉が煮えたら、じゃが芋と水を加え、フタをして10分程煮る。
❹ じゃが芋に火が通ったら、火を止め、具だけを盛りつける。
❺ ⓑを溶き、❹の煮汁に加え混ぜ、中火にかける。時々混ぜながら、フツフツとろみがついてきたら、火を止め、❹にかける。

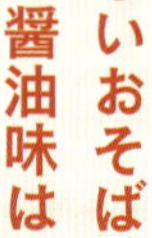

お役立ちMEMO

カレー粉は沢山のスパイスから成り立つ魔法の粉。カレールウの使い方とは少し異なる。エスニック料理などにも使え、料理の幅が大きく広がりとても重宝です。

すぐできるハヤシライス

むずかしそうなハヤシライスが、フライパンでパパッと作れます！すぐもおいしいけど、翌日になるともっとおいしい。

お役立ちMEMO

3大コツ
① 肉は切り落としで十分。ただし国産肉の方がハヤシらしい味になる
② 玉ねぎは甘味と水分を十分出すため、繊維を断つように切る
③ 火加減は強め。鉄のフライパンだと色よく仕上がる

材料（3皿分）

- 牛切り落とし肉 —— 300g
- 玉ねぎ —— 1個
- バター —— 大さじ2
- 小麦粉 —— 大さじ1
- ⓐ ┌ ベイリーフ —— 1枚
　　├ マッシュルーム缶 —— 1缶
　　└ トマト水煮缶 —— 1缶
- ⓑ ┌ トマトケチャップ —— 大さじ山1
　　├ ウスターソース —— 大さじ1
　　└ 醤油 —— 小さじ1
- ご飯 —— 適量

618kcal　20分

作り方

❶ 玉ねぎは縦2つに切って、繊維を断つように薄切りにする。
❷ フライパンにバターを入れて火にかけ、溶けたら玉ねぎ、牛肉の順に強めの中火で炒める。
❸ 牛肉に火が通ったら、小麦粉を加え弱火にし、2〜3分炒める。
❹ ❸に汁ごとⓐを次々加え、強めの中火で5分程炒める。
❺ ❹にⓑを加え2〜3分煮るように炒めたら、できあがり。

牛肉

ねぎすき焼き

すき焼きを格安にて楽しみたいなら、この作り方がおすすめです。材料は、牛肉と長ねぎだけ！すき焼き本来のおいしさが味わえます。切り落とし肉というのもうれしい。

材料（2人分）
- 牛切り落とし肉 —— 300g
- 長ねぎ —— 2〜3本
- 砂糖 —— 大さじ2〜3
- 酒 —— 大さじ3
- 醤油 —— 大さじ3
- だし汁 —— 1カップ位
- 卵 —— 2個

552kcal　10分

作り方
1. 長ねぎは斜めに1cm幅に切る。
2. 鉄鍋を中火にかけ、あれば牛脂を入れて温め、脂を出す。（なければ、サラダ油でも）
3. 鍋が熱々になったら、長ねぎをドカンと入れて、焼きつけるように炒める。長ねぎが熱々になったら、肉を広げて置く。
4. 肉めがけて、砂糖をまんべんなくふりかけ、酒、醤油を次々加えていく。
5. クツクツと煮え始めたら、火を弱め、卵をつけて食べる。煮ながら食べていると、だんだん味が濃くなっていくので、途中でだし汁で薄めながら食べる。

料理のPOINT　ねぎが熱々になったら肉を広げ、砂糖、酒、醤油の順番で肉めがけてふりかけ、味つけする。

牛肉

レタスと牛肉の炒め物

オイスターソースの炒め物は白いご飯にほんとによく合います。牛肉としゃきしゃきレタスの相性ぴったり!

材料(2人分)
- 牛切り落とし肉 —— 150g
- a
  - 豆板醤 —— 小さじ½
  - オイスターソース —— 大さじ1
  - 生姜(すりおろし) —— 少々
- サラダ油 —— 大さじ1
- レタス —— ½個
- 塩 —— 適量

237kcal　5分

作り方
① レタスは大きくちぎる。
② フライパンか中華鍋にサラダ油を熱し、中火で牛肉を炒める。
③ 牛肉に火が通ったらⓐを加える。
④ ③を強火にして、レタスを加えて手早く炒め合わせ、味をみて足りなければ塩で調える。
⑤ レタスが鮮やかな緑に変わったら、火を止め、すぐに皿に移す。

料理のPOINT
炒め物の火加減は、中国料理の味の決め手。「強火にして」と書いてある意味は、短時間で火を通し色鮮やかに仕上げるため。素材から水を出さない、必殺技です。

ピーマンと牛肉のオイスターソース炒め

中国料理のおかずは人気者です。肉に片栗粉をまぶしてから炒めると、味がうまくからまり、いい具合に仕上がります。

10分

材料（2人分）
- ピーマン —— 5個
- にんじん —— 5cm
- 牛肉（バター焼き用）—— 150g
- 片栗粉 —— 小さじ1
- オイスターソース —— 大さじ1
- 醤油 —— 大さじ1
- サラダ油 —— 大さじ1強
- 塩 —— 適量

266kcal

作り方

❶ ピーマンとにんじんは細切りにする。牛肉は5mmの細切りにし、片栗粉をまぶしておく。

❷ フライパンか中華鍋にサラダ油を熱し、中火で❶の肉を炒める。肉を入れてすぐにはいじらず、しばしジッと焼く。

❸ 肉がパカッとはがれたらオイスターソースと醤油を加え、にんじん、ピーマンの順に加え、強火にして炒め合わせる。味をみて足りなければ塩で調える。

鶏のから揚げ

大人も子どもも大好きなおかず！鶏のから揚げは不動の人気です。少ない油でカリッと揚げる、このやり方を覚えておくととても便利です。素揚げかぼちゃがよく合います。

材料（2人分）

- 鶏もも肉（から揚げ用）── 300g
- ⓐ
  - 塩・こしょう ── 少々
  - 醤油 ── 小さじ2
  - にんにく（すりおろし） ── ほんの少々
  - ごま油 ── 小さじ½
- 片栗粉 ── 大さじ3
- 揚げ油 ── 適量
- かぼちゃ ── 適量
- プチトマト ── 適量

478kcal　15分

作り方

❶ 鶏もも肉をボウルに入れ、ⓐを加え手でもみ込み下味をつける。次に片栗粉も加え、全体にからめる。

❷ かぼちゃは1cm幅のくし形に切る。揚げ油を熱し、温度が低いうちにかぼちゃを入れる。中温を保ちつつ、火が通ったら油を切って引き上げる。

❸ 揚げ油は中温のままで、❶の鶏肉を皮を下にして次々入れる。衣がしっかりしてくるまでいじらない。皮側がカリッとしてきたら、裏返す。

❹ 中温を保ちつつ、全体がこんがり揚がってきたら、よく油を切って引き上げる。プチトマトとかぼちゃを添え、盛りつける。

料理のPOINT

鶏肉はブロイラーが多く、長時間調味料につけておくと水っぽくなります。調味料を入れたら手でモミモミし片栗粉をつけてすぐに揚げても、しっかり味がつく。揚げ油の量は肉の上が見え隠れする程度で十分おいしく揚がります。すぐ菜箸でつつくと衣がはがれてしまうので、カリッとするまでしばし待ちましょう。

下味は直接もみ込む　カリッとしたら裏返す

鶏肉のクリーム煮

ホワイトソース缶で手軽に作る本格シチューです。マッシュルーム缶汁とバター、ベイリーフも忘れずに。

20分

材料（2人分）
- 鶏むね肉 —— 1枚
- 塩・こしょう —— 各少々
- 玉ねぎ —— ½個
- にんじん —— 1本
- 水 —— 1カップ
- バター —— 大さじ1
- ホワイトソース缶 —— 1缶
- 牛乳 —— 1.5カップ
- マッシュルーム缶 —— 1缶
- ベイリーフ —— 1枚
- 刻みパセリ —— 適量

373kcal

作り方
1. 玉ねぎは2cm幅のくし形に切る。にんじんは1cmの輪切りにする。
2. 鶏肉は一口大のそぎ切りにして、塩・こしょうを全体にふる。
3. 鍋に分量の水、玉ねぎ、にんじん、バターを入れ中火にかけ、フツフツしたらフタをし弱火で10分煮る。
4. 3にホワイトソース、牛乳、マッシュルームを缶汁ごと入れ、ベイリーフもひらりと加える。
5. フツフツしてきたら2の鶏肉を加え、弱火にして鍋底が焦げつかないように、木べらで時々混ぜながら7〜8分煮る。
6. 味をみて塩・こしょう（分量外）で調え、パセリをふる。

お役立ちMEMO
弱火と書いてあるところは必ず弱火に。乳製品は強い火で煮ると焦げつきやすいのと、舌ざわりが悪くなるからです。

インディーラチキン

カレーの香りに甘酸っぱいトマトとレーズン味。

材料（2人分）
- 鶏もも肉 —— 小さめ2枚
- 塩 —— 少々
- カレー粉 —— 小さじ2
- こしょう —— 少々
- サラダ油 —— 大さじ1
- トマト —— 1個
- レーズン —— 大さじ1
- ベイリーフ —— 1枚
- 水 —— 1.5カップ
- カレールウ（辛口）—— 25～30g
- ミルクマッシュ —— 適量

565kcal

20分

作り方

❶ミルクマッシュを作る。じゃが芋小2個（200g）は皮をむき一口大に切り、ヒタヒタの水でフタをして柔らかくゆでる。ゆで汁を切り、火にかけ水分をとばす。マッシャーでつぶし、程よい柔らかさになるよう牛乳（½カップ位）を加え混ぜ、なめらかなマッシュを作る。塩で味を調える。

❷トマトは1cm角に切る。

❸フライパンにサラダ油を中火で熱し、鶏肉を皮から焼き始める。

❹皮がこんがり、パリッとしたら裏返し、火を少し弱めて塩、カレー粉、こしょうを全体にふり、フライパンをゆすって2～3分焼く。

❺刻んだトマト、レーズン、ベイリーフ、分量の水を加え10分煮て火を止め、カレールウを溶かす。再び火にかけ5分煮たらできあがり。

鶏肉

里芋と鶏肉のたっぷり煮

肉メインの煮物は、だしがいりません。煮物があるとなぜか食卓が落ち着くんです。

料理のPOINT
薄口醤油は色は薄いが味は濃い。この煮物に薄口を使うのは、味はしっかりつけたいけれど、にんじんや里芋を素材に近い色に仕上げたいからです。

材料（2人分）
- 鶏手羽先 —— 4本
- 生姜（薄切り）—— 4枚
- ａ ┌ 薄口醤油 —— 大さじ2
      │ 酒 —— 大さじ2
      └ みりん —— 大さじ2
- 里芋水煮 —— 1パック（200g）
- にんじん —— 小1本
- 水 —— 1.5カップ
- しし唐辛子 —— ½パック

25分
255kcal

作り方
1. にんじんは一口大の乱切りにする。しし唐辛子はヘタを短くする。
2. 鍋に@を火にかけ、フツフツしてきたら鶏肉と生姜を加え、10分程中火で煮る。
3. コテッと煮えたら、里芋、にんじん、分量の水を加え、フタをして中火で10分煮る。
4. 仕上げにしし唐辛子を加えて2〜3分煮てできあがり。

かぼちゃと鶏肉の甘辛煮

おふくろの味といえばこの煮物。皮をところどころむくのは、食べやすくするためです。

20分

材料（2人分）
- 鶏もも肉 —— 1枚(250g)
- ⓐ ┌ 醤油 —— 大さじ1.5
     └ みりん —— 大さじ1.5
- かぼちゃ —— 1/4個(350g)
- 水 —— 1.5カップ

436kcal

作り方
❶ かぼちゃは、種・ワタをスプーンで取りのぞく。皮はところどころむき3cm角位に切る。
❷ 鶏肉はかぼちゃの半分位の大きさの一口大に切る。
❸ 厚手の鍋の中を水でザッとぬらし、ⓐの調味料と鶏肉を入れて中火にかける。5分位コテッと煮る。
❹ ❸に、かぼちゃの皮を下にして並べ入れ、分量の水を加えてフタをして10分煮る。途中一度だけ全体を混ぜる。

お役立ちMEMO
冷凍かぼちゃを使ってもOK。ただし凍ったまま使うので調理にかかる時間は同じです。

鶏のきこり煮トマト味

鶏肉

好きなきのこを入れて煮込むだけの簡単料理です。ケチャップとウスターソースが日本の洋食の味！最後にふるパセリの緑色が鮮やかです。

材料（2人分）
- 鶏手羽元（ウイングスティック）——6本
- 塩・こしょう——各少々
- サラダ油——小さじ1
- ⓐ
  - 水——1.5カップ
  - ベイリーフ——½枚
  - トマト水煮缶——½缶
  - トマトケチャップ——大さじ2
  - ウスターソース——小さじ2
- 好きなきのこ——1〜2パック
- 刻みパセリ——適量

253kcal　**25分**

作り方
❶ 鶏肉に塩・こしょうをふる。きのこは石づきの固いところを切り落とし、食べよくさく。
❷ 厚手の鍋にサラダ油を熱し、❶の鶏肉を弱めの中火で焼く。最初鍋にくっつくが、無理にはがさずそのまま焼く。焼けてくるとそのうちはがれる。
❸ 焼き色がついたら、ⓐときのこを次々入れ、フタをして弱火で20分位煮る。鍋底が焦げつかないように、時々木べらで混ぜる。
❹ 皿に盛りつけ、パセリをふる。

鶏肉のきのこチーズ焼き

玉ねぎ・肉・きのこ、順番に重ねて焼くだけ。肉に火が通ったら、溶けるチーズをのせます。

材料（2人分）
- 鶏むね肉 —— 1枚
- 玉ねぎ —— 1/2個
- 塩 —— 小さじ1/2
- こしょう —— 少々
- 好きなきのこ —— 2パック
- 酒 —— 大さじ2
- 溶けるチーズ —— 1/2カップ

298kcal

20分

作り方

❶ 玉ねぎは薄切り、きのこは好みのものを食べよくさくか、切る。

❷ 鶏肉は火が通りやすいように、大きめの一口大にそぎ切りにする。

❸ 耐熱容器にサラダ油少々（分量外）を塗り、玉ねぎ、鶏肉を重ね、全体に塩・こしょうをふる。

❹ 肉の上にきのこをのせ、酒をふりかけ、オーブンかオーブントースターで10～15分焼く。オーブンなら200度。

❺ 肉に火が通ったら、チーズをのせ、再びチーズがこんがりするまで焼く。

お役立ちMEMO

パックになったきのこは洗わなくても大丈夫。きのこは水分を吸い込みやすく、味も食感も悪くなるからです。もし洗う時は、ボウルに水をため、できるだけ急いでザブザブッと洗い、すぐにザルにあげ水気をよく切る。

即席酢鶏

材料は鶏とピーマンとパプリカだけ！シンプルだからこそのおいしさです。甘酢っぱい醤油味でビールもご飯もすすみますよ。

材料（2人分）
- 鶏もも肉 ── 1枚
- 塩 ── 少々
- 片栗粉 ── 大さじ2
- 揚げ油 ── 適量
- ⓐ 醤油 ── 大さじ2
- ⓐ 米酢 ── 大さじ2
- ⓐ 砂糖 ── 大さじ2
- パプリカ（赤） ── ½個
- ピーマン ── 2個
- ごま油 ── 小さじ½

415 kcal　15分

作り方
1. ボウルにⓐを合わせておく。
2. パプリカ、ピーマンは2〜3cm角に切る。
3. 鶏肉は小さめの一口大に切り、塩少々をふり片栗粉をまぶす。
4. 中華鍋かフライパンに少なめの揚げ油を入れ、中温になったら鶏肉を次々加え、カラリと揚がったらよく油を切り、ⓐにからめる。
5. 油をかたづけ、再び鍋を火にかけ、パプリカとピーマンを強火で炒める。
6. ピーマンが色鮮やかになったら、4を調味料ごと加え、ざっと混ぜたら火を止め、ごま油を加えて混ぜ、すぐ器に移す。

すぐできる！ 家で食べたい

魚のおかず

らくらくエビチリ

みんな大好きエビチリがこんなに簡単に！揚げずにフライパンで焼くだけ。でも味は本格派。あとはたれとからめるだけです。

⏱ 15分

材料（2人分）
- エビ —— 12〜16尾（200g）
- 片栗粉 —— 大さじ2
- ごま油 —— 大さじ1.5
- 長ねぎ（みじん切り） —— 5cm
- ⓐ
  - にんにく（すりおろし） —— 少々
  - 酒 —— 大さじ1
  - 醤油 —— 大さじ1
  - トマトケチャップ —— 大さじ1
  - 砂糖 —— 大さじ1
  - 豆板醤 —— 小さじ1/2
  - 水 —— 1/4カップ
- 細ねぎ —— 1/4束

245kcal

作り方
1. エビは、あれば背ワタを取りのぞいて殻をむき、片栗粉をまぶす。細ねぎは4cm長さに切る。
2. ⓐは合わせておく。
3. フライパンを温め、ごま油を入れて、なじませる。エビを全体に並べ入れ、中火で焼く。
4. 色が赤っぽくなり、カリッと焼けたら裏返し、両面焼く。カリッと仕上げたければ、フタをしないで火を通す。
5. エビに火が通ったら、長ねぎのみじん切りとⓐを加える。そのままいじらず、フツフツしてきたら全体を混ぜ、細ねぎを加えてさっと混ぜたら火を止める。すぐに皿に移す。

料理のPOINT
エビは一度揚げるのが本式の調理法ですが、これは片栗粉をつけたエビを焼くだけ。少人数分だとかなり本物っぽく作れます。ただしコツあり。粉をつけたエビは、焼き始めはフライパンにくっつきますが、焼けてくれば簡単にはがれるので、しばし待ちましょう。

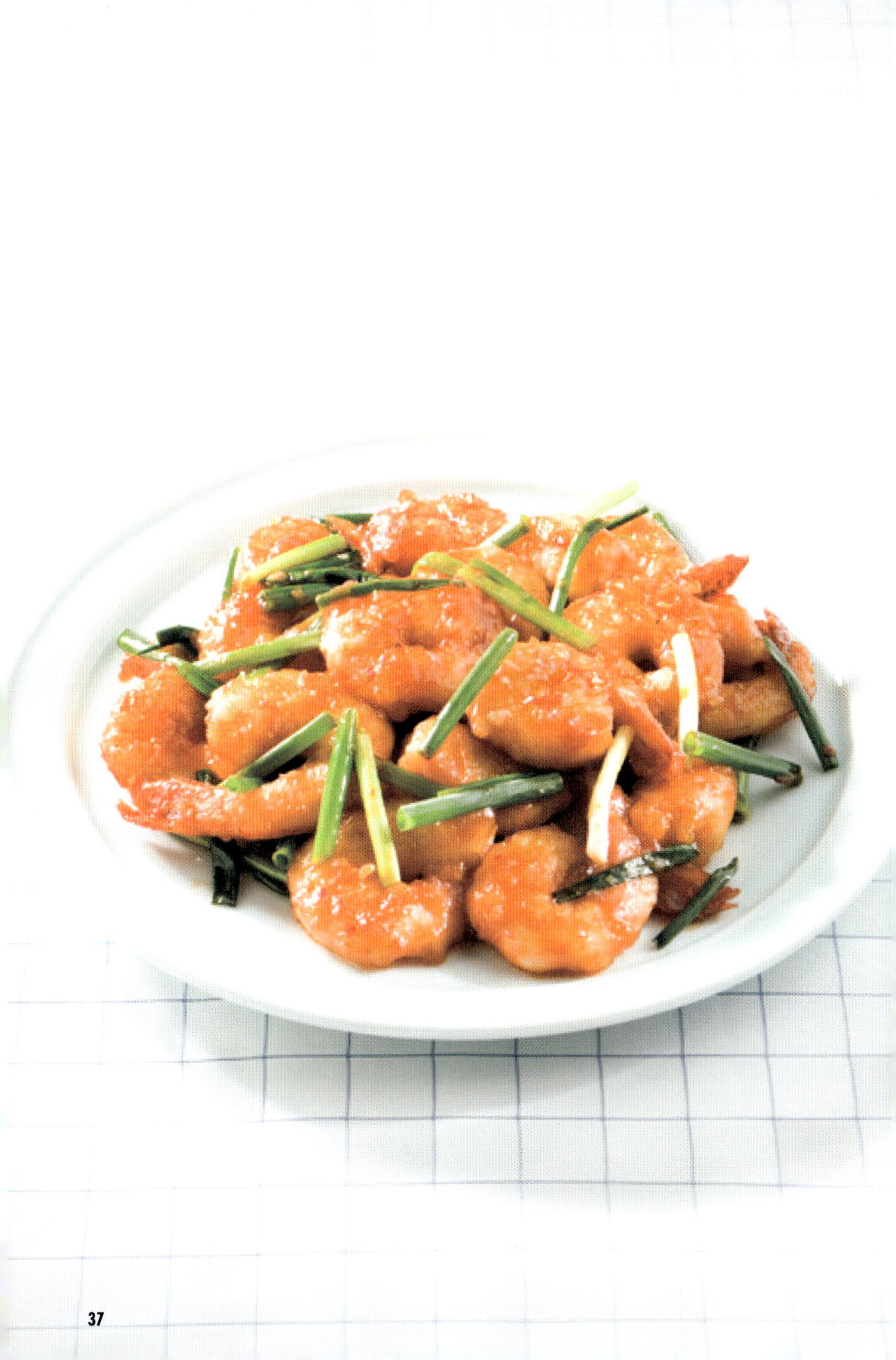

魚

簡単！ブリ大根

魚の人気おかずといえばブリ大根。これは切り身を使うので、いつでも気軽に作れます。魚にしっかり味をつけてから下ゆでした大根を入れるのがコツ。

材料（2人分）
ブリ —— 2切れ
大根 —— 10cm
ⓐ┌酒 —— 大さじ2
　├みりん —— 大さじ2
　└醤油 —— 大さじ2
水 —— ½カップ
針生姜 —— 少々
302kcal　⑳分

作り方
❶大根は1cm厚さの半月切りにし、かぶるくらいの水（分量外）を入れて火にかけフタをして、竹串がスッと通るまで5〜10分ゆでる。
❷ブリは2〜3つに切る。ⓐを中火にかけ、フツフツしてきたら、ブリを入れ5分程煮る。
❸ブリがコテッとしたら鍋の端に寄せ、大根、分量の水を入れ、火を強めて5分程煮る。途中一度、全体を混ぜる。
❹器に盛りつけ、針生姜をのせる。

料理のPOINT

大根の下ゆでというと面倒なイメージかもしれないが、後で魚と一緒にした時に味がしみ込みやすい。かえって短時間で仕上がり、味も決まります。

大根は竹串がスッと通るまでゆでる

コテッと煮たブリに加え、ガーッと煮る

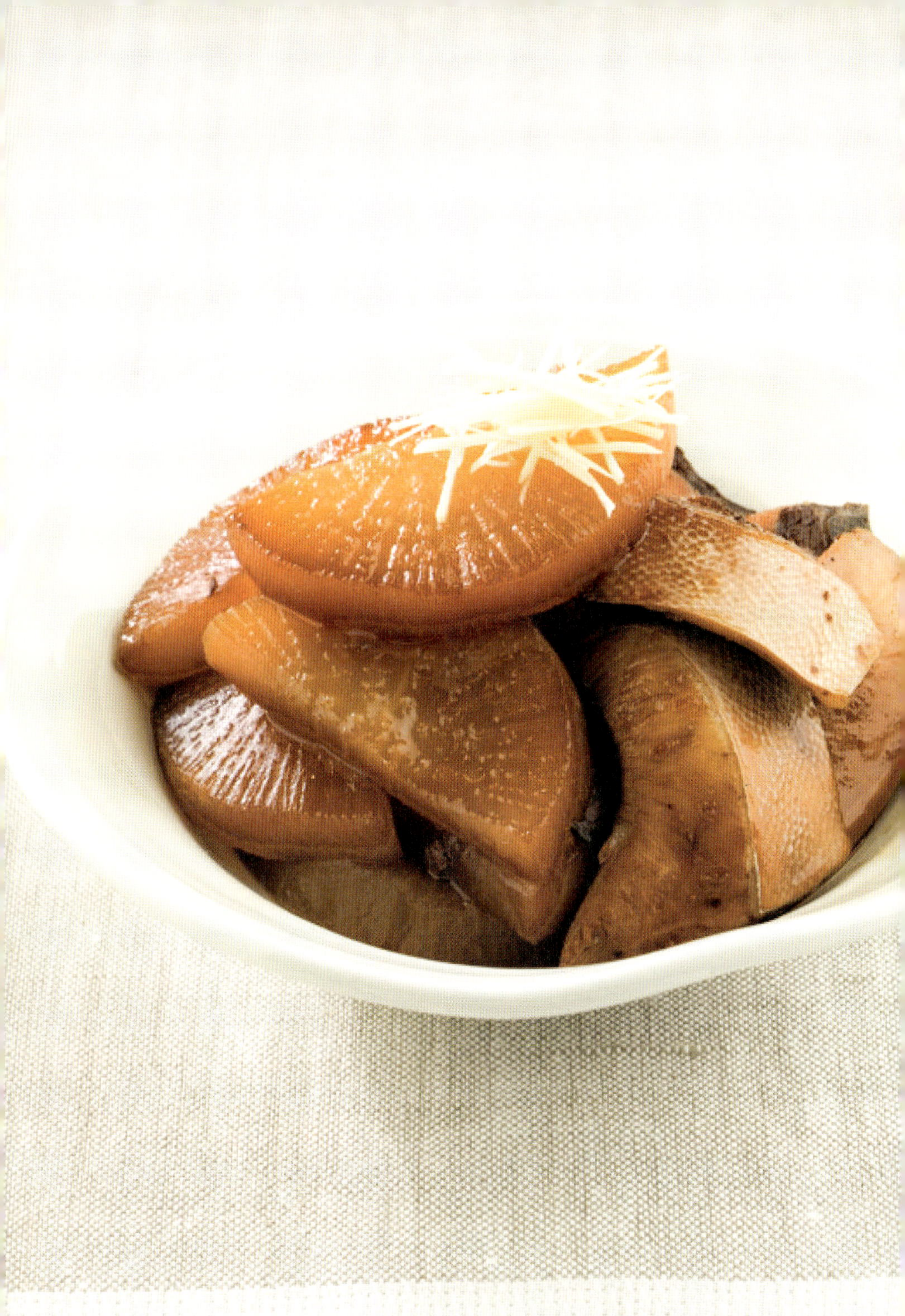

白身魚のケチャップあん

カリッと揚がった魚にとろ〜りケチャップあんは、白いご飯と抜群に合います！

15分

材料(2人分)
- 白身魚 —— 2切れ（鯛、タラなど）
- 酒 —— 大さじ1
- 片栗粉 —— 大さじ2
- 干し椎茸 —— 2枚
- ゆで竹の子 —— 100g
- 揚げ油 —— 適量
- ⓐ
  - 砂糖 —— 大さじ1.5
  - 醤油 —— 大さじ1.5
  - ケチャップ —— 大さじ1.5
  - 椎茸戻し汁又は水 —— 1/2カップ
- ⓑ
  - 米酢 —— 大さじ1.5
  - 片栗粉 —— 小さじ2
- 細ねぎ(小口切り) —— 適量

267kcal

作り方
❶ 干し椎茸はぬるま湯で戻し、細切りに。竹の子も細切りにする。
❷ 甘酢あんを作る。ⓐを火にかけ、フツフツしてきたら、よく合わせたⓑを加え混ぜる。とろみがついたら、火を止める。
❸ 魚に酒をふり、片栗粉をまぶす。
❹ 揚げ油を火にかけ、中温になったら魚を入れる。衣がしっかりしてくるまでいじらない。中温を保ちつつ揚げ、カリッとしてきたら裏返す。火が通ったら、よく油を切って引き上げ器に盛る。
❺ 余熱が残っている状態の油で椎茸と竹の子をさっと揚げ、網で引き上げ、キッチンペーパーの上に取る。
❻ ❺を❷のあんに加え、魚の上にかける。細ねぎを散らす。

魚の風味漬け

衣に少しカレー粉をしのばせた香ばしい一品。揚げたてをジュッと漬けるたれに加えた玉ねぎもうまし！

材料（2人分）
- かじきマグロ —— 2切れ
  （他にイワシ、サバ、鯛など）
- 小麦粉 —— 大さじ3
- カレー粉 —— 小さじ½
- 玉ねぎ —— ½個
- ⓐ ┌ 米酢 —— 大さじ1
  ├ みりん —— 大さじ1
  └ 醤油 —— 大さじ1.5
- 揚げ油 —— 適量
- ゆでたキャベツとゆでたにんじん —— 適量

15分

332kcal

作り方
❶ 玉ねぎは、縦に薄切りにする。
❷ ボウルにⓐを合わせておく。
❸ かじきマグロは2cm幅の棒状に切る。小麦粉とカレー粉を合わせ、魚全体にしっかりまぶす。
❹ 揚げ油を中温に熱し、❸の魚を次々入れる。全体がこんがりしてきたら、よく油を切って引き上げる。
❺ 揚げた魚をⓐにジュッと漬けてからめ、玉ねぎも加えてあえる。
❻ ❺の魚と玉ねぎを漬け汁ごと盛りつけ、ゆでた野菜を添える。

魚のベーコン巻きステーキ

ベーコンとにんにくとトマト味がおいしいかじきマグロのステーキです。大胆に切ったトマトは、ソースとつけ合わせを兼ねます。ケチャップと醤油のたれがご飯によく合う秘密。オクラなど緑色の野菜をつけ合わせて彩りよく！

作り方

❶ つけ合わせのゆでたオクラは最初に用意。

❷ 魚の切り身は2つに切って、ベーコンでぐるりと巻いてようじで止める。

❸ トマトはヘタを切り落とし、横4枚にスライスする。

❹ フライパンを中火で熱し、サラダ油をなじませ魚を並べ入れる。こんがりしてきたら裏返して焼き、取り出す。

❺ ❹にベーコンの脂が出ているので、その脂を利用してにんにくとトマトを強火で焼く。塩・こしょうも少々ふる。トマトとにんにくを魚と一緒に盛りつける。

❻ ❺の鍋の中をきれいにふき取り、ⓐを加え混ぜ、中火にかける。フツフツしてきたら火を止め、魚にかける。

❼ ゆでたオクラを添え、好みでこしょうをガリガリ挽くと香りがいい。

15分

材料（2人分）
かじきマグロ —— 2切れ
ベーコン —— 4枚
トマト —— 大1個
にんにく（薄切り）—— 1かけ
サラダ油 —— 適量
塩・こしょう　各少々
ⓐ ┌ 水 —— 小さじ2
　├ 酒 —— 小さじ2
　├ トマトケチャップ —— 小さじ2
　└ 醤油 —— 小さじ2
ゆでたオクラ —— 1袋分

341kcal

お役立ち MEMO

近頃は魚が高く、切り身もだんだん小さく薄くなっているので、ついつい肉に手が出てしまいがち。それでも魚は食卓にとりいれたいですね。ではどうやってボリュームを持たせるか？ こんなふうにベーコンの力を借りると、薄い切り身魚もかなり食べ応えのあるものとなります。

イワシのかば焼き

青背の魚は、甘辛いかば焼き味がよく合います。ご飯のおかずはもちろん、酒の肴にも。下ごしらえしてある魚を使えば簡単です。

材料（2人分）

- イワシ（開いたもの） —— 4尾（他にサバ、アジなど）
- サラダ油 —— 少々
- ａ
  - 酒 —— 大さじ1
  - みりん —— 大さじ1
  - 砂糖 —— 大さじ1
  - 醤油 —— 大さじ2
- しし唐辛子 —— 6本
- 長ねぎ —— ½本
- 塩 —— 少々
- 粉山椒 —— 少々

375kcal　10分

作り方

1. しし唐はヘタを短くする。長ねぎは4cm長さのブツ切りにする。
2. フライパンを中火で温め、ほんの少しのサラダ油をなじませ、イワシを身の方から並べ入れる。時々フライパンをゆすりつつ、おいしそうな色に焼けたら裏返す。
3. フライパンの空いているところで、長ねぎとしし唐を焼く。焼けたら取り出し塩をふる。
4. 魚が焼けたら、身の方を下にして火を止める。鍋肌に、ⓐの調味料を入れ、鍋をまわして全体にいきわたらせる。
5. 再び中火にかけ、調味料を全体になじませたらすぐ火を止める。
6. つけ合わせの野菜と盛りつける。粉山椒がよく合う。

魚のムニエル

小麦粉をふって焼くのでとても香ばしくなります。それだけでもおいしいけれど、こんなソースも大好評。魚はサバ、アジ、鯛、太刀魚、ヒラメなどでも。

材料（2人分）
- 生鮭 —— 2切れ
- 塩・こしょう —— 各少々
- 小麦粉 —— 適量
- バター又はオリーブ油 —— 大さじ1
- ⓐ マヨネーズ —— 大さじ山2
- ⓐ 牛乳 —— 大さじ2
- ⓐ レモン汁 —— 小さじ1
- ⓐ 刻みパセリ —— 大さじ1
- きのこのソテー —— 舞茸1パック分
- プチトマト —— 適量

351kcal

15分

作り方

❶先にきのこのソテーを準備する。サラダ油でサッと炒め、塩・こしょうをふっておく。

❷ⓐを合わせておく。

❸魚の水気をふき、塩・こしょうを全体にふり、小麦粉をまぶす。

❹フライパンにバターを入れて中火にかける。バターが溶けたら、❸の魚を並べる。しっかり焼けてくるまで魚を動かさないように。

❺時々フライパンをゆすって、いい色に焼けたら裏返し、両面カリッと焼く。皿にきのこのソテーと盛りつけ、プチトマトも添え、ⓐのソースを魚にたっぷりかける。パセリ（分量外）をさらに散らすときれい。

魚

金目鯛の煮つけ

定食屋さんでは、相変わらずの人気メニュー「煮魚」。その中でも特別人気、金目鯛の煮つけです。つけ合わせの里芋は少量なので、市販の水煮を使っても。この調味料であれば、どんな魚の煮つけにも応用できます。

お役立ちMEMO

煮魚4カ条
- その❶ 魚の水気をふく
- その❷ 魚を重ねずに煮れる鍋を選ぶ
- その❸ 煮汁は少なめ
- その❹ 強めの中火で短時間仕上げ

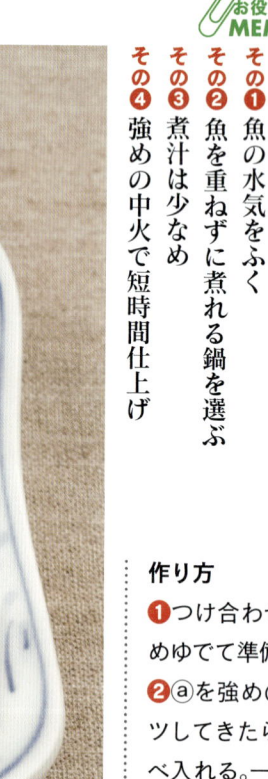

作り方

❶つけ合わせの野菜は、あらかじめゆでて準備しておく。
❷ⓐを強めの中火にかけ、フツフツしてきたら、生姜を入れ、魚を並べ入れる。一度にドサッと入れないのも、おいしく仕上げるコツ。
❸時々煮汁をかけつつ、10分位コトコトと煮上げる。皿に盛りつけ、煮汁もかける。つけ合わせの野菜を添える。

材料（2人分） 15分

- 金目鯛 —— 2切れ
- 生姜（薄切り）—— 4〜5枚
- ⓐ 水 —— ½カップ
- 酒 —— ½カップ
- 砂糖 —— 小さじ2
- みりん —— 大さじ2
- 醤油 —— 大さじ2
- ゆでた里芋 —— 4個
- ゆでた小松菜 —— 適量

337kcal

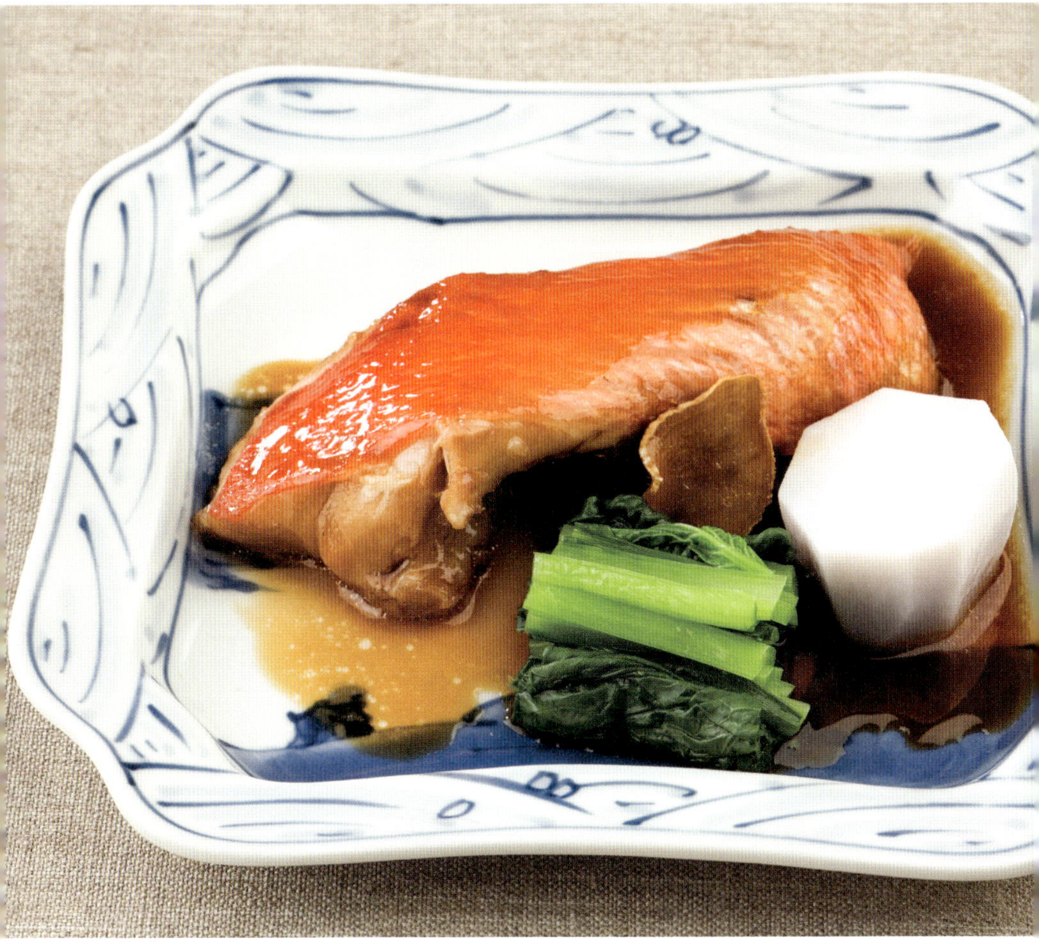

魚 イワシの梅干し煮

イワシやサバ、サンマなど青背の魚は梅干しと煮ると日持ちもよく、冷めてもおいしい。下ごしらえしてあるものを使えばグッとらく。

15分

作り方

1. イワシは頭を切り落とし、内臓を抜き、水で洗い水気をふく。
2. 鍋に酢とイワシを入れ、強めの中火にかける。
3. 酢がほとんどなくなったら、ⓐと梅干しと生姜を加えて、ガーッと7～8分煮る。煮汁ごと盛りつけ、ブツ切りの細ねぎを添える。

材料（2人分）

- イワシ —— 4尾
- 酢 —— ½カップ
- 梅干し —— 2個
- 生姜（薄切り）—— 4枚
- ⓐ
  - 酒 —— 大さじ1
  - みりん —— 大さじ1
  - 醤油 —— 大さじ2
  - 砂糖 —— 小さじ2
  - 水 —— ¼カップ
- 細ねぎ —— 適量

343kcal

お役立ちMEMO

煮魚の煮方には、生ぐさいといわれる青背の魚の下煮に酢を使う方法があります。酸っぱくもならないし、生ぐさみもすっかり消えるので、魚の苦手な人でも食べやすくなります。

サバの煮つけ みそだれ

魚のおかずの代表、サバのみそ煮。でも慣れないとちょっと心配ですね。みそだれをかけるこのやり方なら失敗なし！

15分

材料
- サバ —— 2切れ
- a
  - 酒 —— ½カップ
  - 水 —— ½カップ
  - みりん —— 大さじ1
  - 醤油 —— 大さじ1
- b
  - みりん —— 大さじ1
  - みそ —— 大さじ1 ※
  - 砂糖 —— 小さじ2
  - 水 —— ¼カップ
- 長ねぎ —— ½本
- 溶き辛子 —— 適量

310kcal

※ 69頁で紹介している「合わせみそ」なら大さじ1.5

作り方
1. 長ねぎは4cm長さに切り、サラダ油少々（分量外）でこんがり焼く。
2. サバは水気をふく。
3. ⓐの煮汁を火にかけ、フツフツしてきたらサバを入れる。強めの中火で10分程煮る。途中、煮汁がなくなったら様子を見て、湯を足す（入れすぎないように）。
4. サバに火が通ったら、器に長ねぎと盛りつける。
5. ❸の鍋にⓑのみそだれを加え、中火にかける。木べらで混ぜ、とろっとしたら火を止め、サバにかける。好みで溶き辛子を添える。

かぶと魚介のシチュー

寒い時にほっかほかのホワイトシチューはいかが？かぶと魚介は相性も抜群、よくだしの出る組み合わせです。魚介はタラ以外、カキなどでもOKです。

25分

材料（2人分）
- タラ —— 2切れ
- かぶ —— 4個
- にんじん —— 1本
- 水 —— 1.5カップ
- 玉ねぎ —— ½個
- バター —— 大さじ1強
- 小麦粉 —— 大さじ2
- 牛乳 —— 2.5カップ
- 塩・こしょう —— 各少々
- かぶの葉（みじん切り） —— 少々

397kcal

作り方

❶ かぶは皮をむいて、縦4等分に切る。にんじんは1cmの輪切りか半月に切る。玉ねぎはザク切りにする。タラは1切れを2～3つに切り、骨は取る。

❷ 分量の水にかぶ、にんじんを入れ、火にかける。フタをして中火で8分、野菜にほぼ火が通ったら、タラを加え3分ほど煮る。火を止め、ゆで汁ごとそのままにしておく。

❸ 別の厚手の鍋にバターを入れて中火にかけ、❶の玉ねぎを炒める。熱々になったら小麦粉をふり入れ、ごく弱火で2分ほど炒める。

❹ いったん火を止め、牛乳をまず½カップ加え、木べらで鍋底をこそぐように混ぜる。もう一度½カップの牛乳を加え混ぜ、さらに残りの牛乳を全部加え、全体を混ぜたら中火にかける。

❺ 時々混ぜながら、フツフツしてきたら❷の材料をゆで汁ごと加え、丁寧に混ぜる。

❻ 弱火にして5分ほど煮込み、味をみて塩・こしょうで調える。

❼ 器に盛りつけ、あればゆでたかぶの葉のみじん切りを少しふる。

お役立ちMEMO

かぶは買ってきたら、冷蔵庫にしまう前に葉と切り分けて保存します。そのままにしておくと、実は水分を取られるのでスジスジしてきて、葉はすぐに黄色くなります。

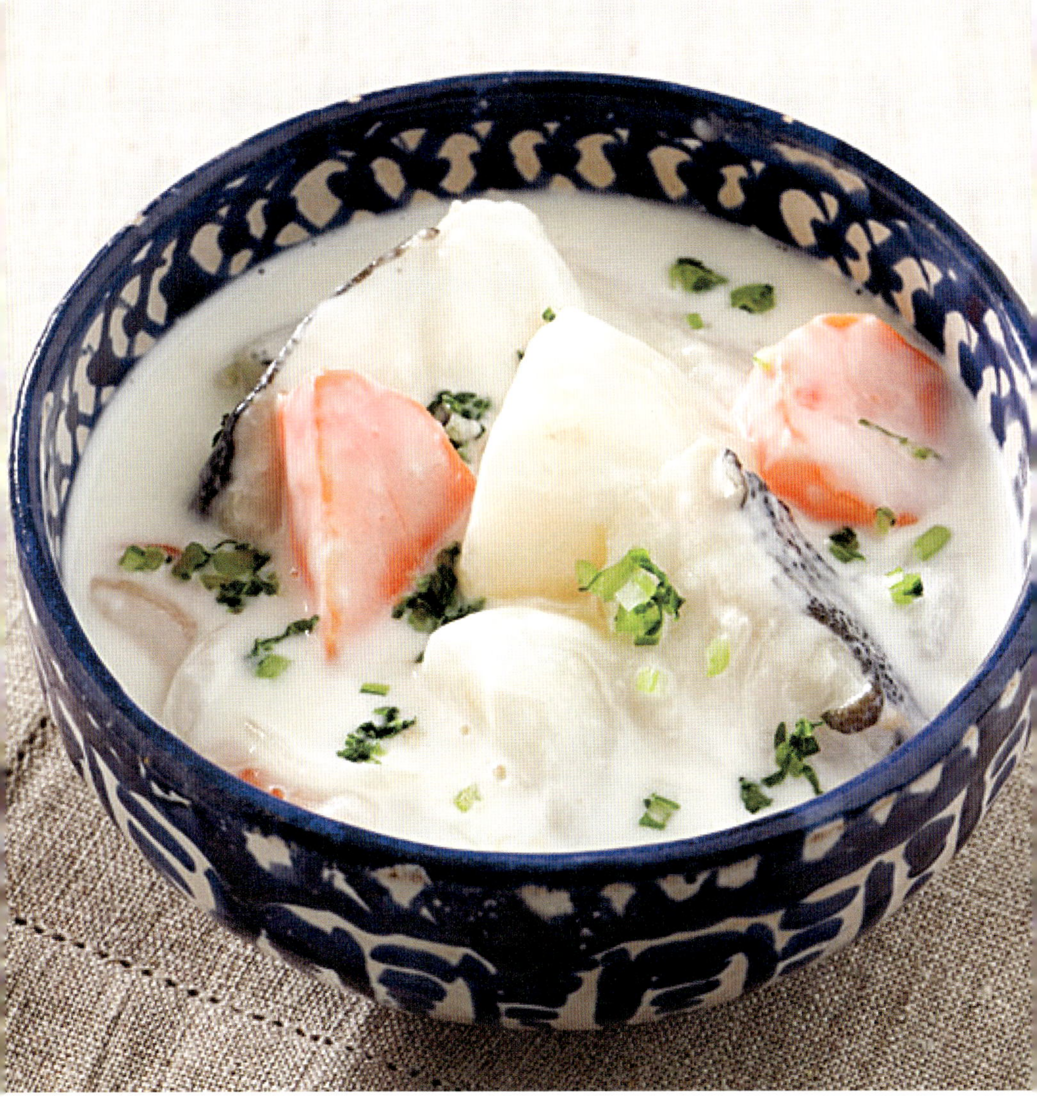

魚介のトマトシチュー

魚 | **15分**

イタリアンっぽいのに、ご飯によく合います。全部の材料をガーッと煮るだけの簡単料理。味の決め手は最後にたらすオリーブオイル。

材料（2人分）
- イカ —— 1杯
- アサリ（砂抜き）—— 200g
- パプリカ（赤・黄）—— 各½個
- ピーマン —— 1個
- セロリ —— 1本
- 水 —— 1カップ
- トマトジュース —— 1カップ
- バジル（乾）—— 少々
- 塩・こしょう —— 各適量
- オリーブ油 —— 少々

174kcal

作り方

❶ パプリカとピーマンは縦に細切りにする。セロリは斜めに薄切りにする。

❷ アサリはよくよく洗う。イカは足をひっぱり、内臓を取りのぞく。胴は皮ごと1cmの輪切り、足はバラバラに食べよく切る。

❸ 鍋にオリーブ油以外の材料をすべて入れて、強めの中火にかける。フタは少しずらしてのせ、フツフツしてきたら火を弱め、10分ほど煮る。

❹ 味をみて塩・こしょうで調え、器に盛りつける。オリーブ油をかけて食べると実にうまい。

忙しい人の味方です。

卵のおかず

卵

ほうれん草と卵のグラタン

ゆで卵とほうれん草で、すぐできます！
ピンチの時にも大活躍！
卵もほうれん草も時間のある時にゆでてさえおけば、あっという間。
缶詰のホワイトソースを使えば、もっと、あっという間！
好みでハムを足してもおいしい。

作り方

❶ 最初にホワイトソースを作る。玉ねぎは薄切りにする。厚手の鍋にバターを入れて中火にかけ、溶けたら玉ねぎを炒める。しんなりしたら、火を弱めて小麦粉をふり入れて2～3分炒める。

❷ いったん火を止め、牛乳½カップを加え混ぜ、さらに牛乳½カップを加える。丁寧に混ぜ、残りの牛乳も入れて再び中火にかける。木べらで時々鍋底を混ぜながら弱火にし、7～8分位煮る。塩で味を調える。

❸ ゆでたほうれん草は3㎝長さに切る（ゆで方は82頁参照）。

❹ ゆで卵は2つに切る。

❺ 耐熱容器の中を水でぬらして、ほうれん草と卵を並べる。

❻ ❺にホワイトソースをたっぷりかけ、チーズをのせる。200度のオーブンで15分位、クツクツツフツフこんがりするまで焼く。

材料（2人分）

- 固ゆで卵 —— 2～3個
- ゆでたほうれん草 —— 1わ分
- バター —— 大さじ1
- 玉ねぎ —— ¼個
- 小麦粉 —— 大さじ2
- 牛乳 —— 2カップ
- 塩 —— 小さじ½弱
- 溶けるチーズ —— ½カップ

407kcal

30分

料理のPOINT
ホワイトソースの作り方

Ⓐ 玉ねぎをバターで炒め、小麦粉をふり入れ、粉っ気がなくなるまで炒め、火を止める

Ⓑ 冷たい牛乳½カップを入れて混ぜ、さらに½カップを加えて混ぜる

Ⓒ Ⓑをていねいに混ぜてから残りの牛乳を全部混ぜるとダマにはならない

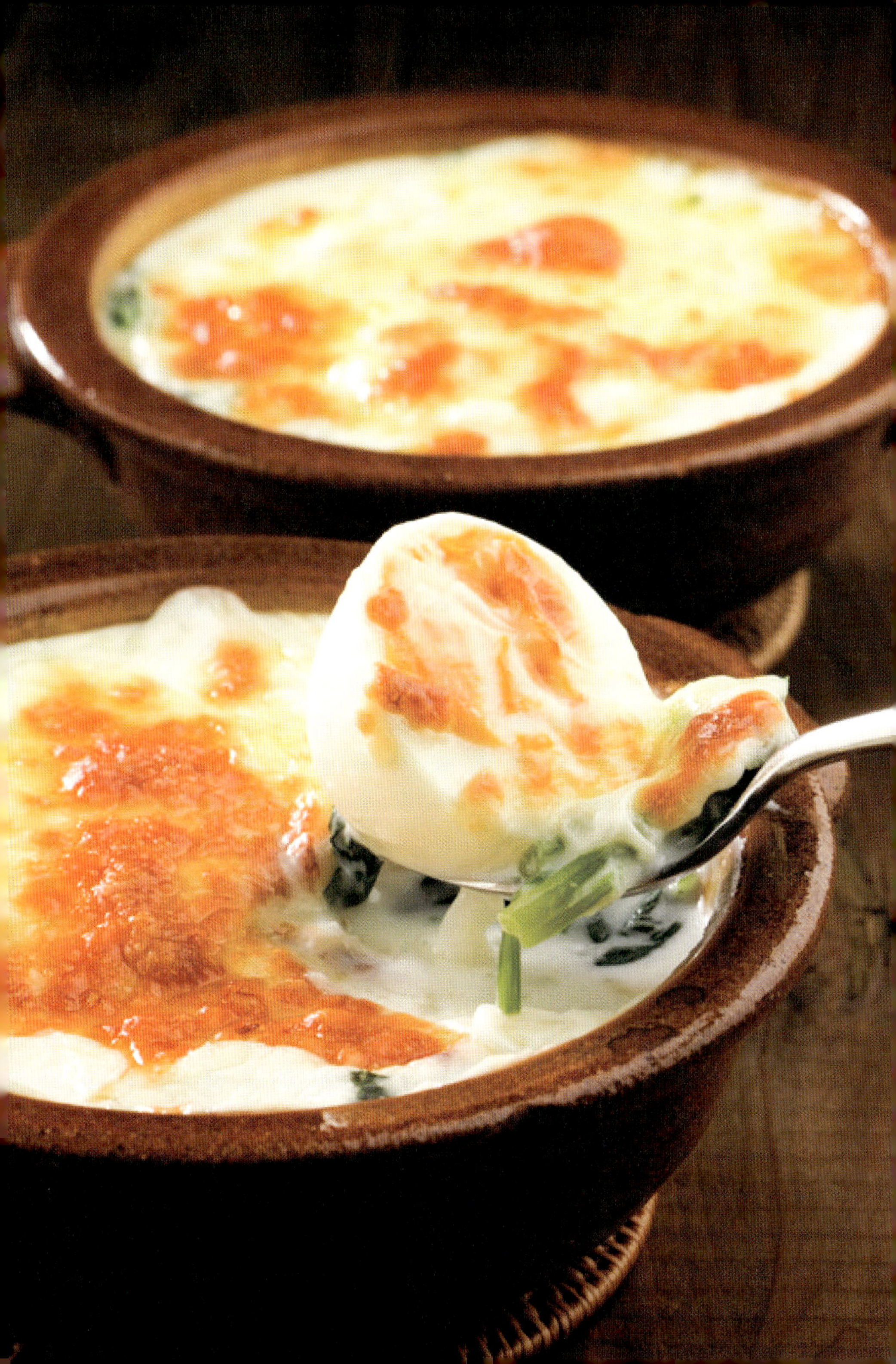

和風きのこオムレツ

ちょっぴり生姜のきいた醤油味オムレツです。きのこも卵も、強めの火で手早く炒めるのがコツ。肉も魚も使わないから卵は1人2個欲しい。

卵

15分

材料（2人分）
- 卵 —— 4個
- 生姜（せん切り）—— 少々
- ごま油 —— 大さじ1
- 好きなきのこ2種
  （生椎茸・えのき茸など）
  —— 各1パック
- 酒 —— 大さじ1
- 醤油 —— 大さじ1
- サラダ油 —— 少々
- 細ねぎ（小口切り）
  —— 適量

281kcal

作り方

❶ きのこは石づきの固いところだけ取りのぞき、食べよく切る。

❷ フライパンにごま油と生姜を入れて中火にかけ、いい香りがしてきたらきのこを強火で炒める。熱々になったら火を止め、すぐに酒・醤油を加え混ぜ、取り出しておく。

❸ オムレツは1人分ずつ焼く。卵を2個割りほぐす。フライパンを中火で温め、サラダ油を回し入れる。卵液を一度に流し入れ、すぐに全体に広げる。卵の表面が乾かないうちに、真ん中辺りに、❷の具の1人分を置く。

❹ フライ返しで両端の卵をかぶせ、フライパンのへりにずらして焼く。フライパンを返して皿に盛りつける。キッチンペーパーをかぶせ、形を整え、細ねぎを散らす。

おかずオムレツ

豚挽きとじゃが芋入りは懐かしい昭和の家庭料理の味！

材料（2人分）
- 玉ねぎ ── 1/4個
- 豚挽き肉 ── 150g
- サラダ油 ── 大さじ1
- ⓐ
  - 酒 ── 小さじ2
  - 砂糖 ── 小さじ2
  - 醤油 ── 大さじ1.5
- じゃが芋 ── 小さめ2個（250g位）
- 水 ── 1/2カップ
- ⓑ
  - 片栗粉 ── 小さじ2
  - 水 ── 大さじ1
- 卵 ── 2個
- サラダ油 ── 適量
- トマトケチャップ ── 適量

451kcal 　**20分**

作り方

❶ 玉ねぎはみじん切りにする。じゃが芋は1cm角に切る。

❷ フライパンにサラダ油を中火で熱し、玉ねぎと挽き肉を炒める。

❸ 挽き肉に火が通ったらⓐを加え混ぜ、じゃが芋と水を入れて、フタをして5分ほど煮る。

❹ じゃが芋に火が通ったら、ⓑの水溶き片栗粉を加え混ぜとろみをつける。別の器に移す。

❺ オムレツは1人分ずつ焼く。卵を1個割りほぐす。フライパンを中火で温め、サラダ油を回し入れる。卵液を流し入れ、すぐに全体に広げる。卵の表面が乾かないうちに、真ん中辺りに、1人分の具を置く。

❻ フライ返しで両端の卵をかぶせ、フライパンのへりにずらして焼く。フライパンを返して、皿に盛りつける。

❼ 上からキッチンペーパーをかぶせ、オムレツ形に整える。もう1つも同じように焼く。好みでトマトケチャップをかけて食べる。

卵

目玉焼きで晩ご飯！

なんだか疲れている時、今夜のおかずに迷った時・・・・目玉焼きにみそ汁というシンプルな晩ご飯はいかがですか。ハムに醤油をつけて白いご飯と食べる。これがイケるのです！ハムは上等でない方が白いご飯にはかえっていいみたい。

5分

材料（2人分）
卵 —— 4個
サラダ油 —— 少々
ハム —— 6枚
ゆでたほうれん草 —— ½わ分
バター又はサラダ油 —— 少々
塩・こしょう —— 各少々
348kcal

作り方
❶ ほうれん草は（ゆで方は82頁参照）、軽く水気を絞って3cm長さに切り、バター（サラダ油でも可）で炒めて、塩・こしょうで味を調える。
❷ フライパンを熱し、サラダ油少々を回し入れ、卵を割り落とす。すぐに上から塩をふる。フタをして、強めの中火で1分ほど焼き、火を止めそのまま30秒蒸らす（これは半熟の焼き方。お好みの焼き具合でどうぞ）。
❸ 皿に目玉焼き、❶のほうれん草のソテー、ハムを盛り合わせる。

お役立ち MEMO

卵は便利な食材。S・M・Lというサイズ表示で売られているが、そのほとんどがMとL。Mの卵はだいたい60g。
1人一日1個とも、栄養学的にはいわれていますが、卵料理のおかずの場合は、1人2個欲しいことも多いです。そんな時は、その日の肉や魚などのタンパク質の食べる量をグンと減らしたり、翌日は卵はなしというようにバランスを取ればいいと思います。

きのこと卵のにんにく炒め

塩とこしょうで味つけした卵ときのこの洋風おかず。にんにくの香りが食欲をそそります。ササッと作れるので、ワインやビールにもよく合います。

卵

材料（2人分）
- 卵 —— 3個
- オリーブ油 —— 大さじ2
- にんにく（すりおろし） —— 少々
- 舞茸 —— 小1パック
- マッシュルーム —— 小1パック
- 塩 —— 小さじ½
- こしょう —— 少々

244kcal 　10分

作り方
1. 舞茸は石づきの固い部分を取りのぞき、食べよくさく。マッシュルームは4等分に切る。
2. 卵は割りほぐす。
3. フライパンを中火で温め、オリーブ油大さじ1を回し入れ、卵を一気に流す。大きくかき混ぜ、ふんわり半熟になったら、すぐ取り出す。
4. ❸のフライパンににんにく、残りのオリーブ油を入れ、中火にかける。
5. にんにくのいい香りがしてきたら、きのこ、塩、こしょうを次々入れ、強火にして一気に炒める。❸の卵を戻して全体を混ぜたら火を止め、すぐ器に盛りつける。

エビ玉丼

ぷりぷりエビとふんわり卵の上にとろ〜り甘酢あん。カニ玉丼ならぬエビ玉丼、なんておいしい！甘酢の砂糖・醤油・酢の割合は「1対1対1」。

材料（2人分）
- エビ —— 6尾（100g）
- 酒 —— 小さじ1
- 塩 —— 少々
- ごま油 —— 大さじ1
- 卵 —— 4個
- ⓐ
  - 水 —— 1カップ
  - 砂糖 —— 大さじ1
  - 薄口醤油 —— 大さじ1
  - 米酢 —— 大さじ1
  - 片栗粉 —— 小さじ2
- ご飯 —— 2人分
- 紅生姜 —— 適量

674kcal 　10分

作り方
❶ 小鍋にⓐの甘酢あんの材料を木べらで混ぜつつ火にかけ、フツフツとろみがついたら火を止める。

❷ エビは背ワタを取りのぞいて殻をむき、コロコロに切って酒と塩をふる。卵は溶きほぐす。

❸ 丼にご飯を盛りつけておく。

❹ フライパンを中火にかけ、温まったら、ごま油でエビを炒める。エビが赤くなったら強火にし、卵を一気に流す。ブクブクしてきたら大きくかき混ぜ、ふんわりし始めたら火を止め、2等分して❸にのせる。

❺ 温かい甘酢あんをとろ〜りかけ、紅生姜を添える。

お助け卵丼

卵

あー買い物に行けなかった。しまった！卵しかない。そんな時に大助かりの丼物です。これに漬け物と簡単な汁物があれば最高！かまぼこの代わりにちくわでもいい。三つ葉はあれば香りがいいし、彩りもアップします。

材料（2人分）
- 玉ねぎ —— ½個
- かまぼこ —— ½本
- ⓐ ┌ だし汁 —— ¾カップ
　　├ 醤油 —— 大さじ1.5
　　└ みりん —— 大さじ1.5
- 卵 —— 2個
- 三つ葉 —— 適量
- ご飯 —— 2人分

10分

557kcal

作り方
❶ 玉ねぎは繊維にそった薄切り、かまぼこは薄切りにする。三つ葉は1cmに刻み、卵は割りほぐす。
❷ 丼にご飯を盛りつけておく。
❸ 鍋に ⓐ、玉ねぎ、かまぼこを全体に均一に置き、強めの中火で2〜3分煮る。
❹ フツフツしてきたら溶き卵を回し入れ、すぐフタをしてそのまま20〜30秒、火を止め30秒蒸らす。
❺ ご飯にのせ、三つ葉を散らす。

料理のPOINT
卵料理は火加減と時間が最大のポイント。見た目も味も変わってしまうほど大切です。卵料理で調理時間が入ってるものは、最初、その通りにやってみて下さい。一、二度やってみると、だいたいのコツがつかめます。

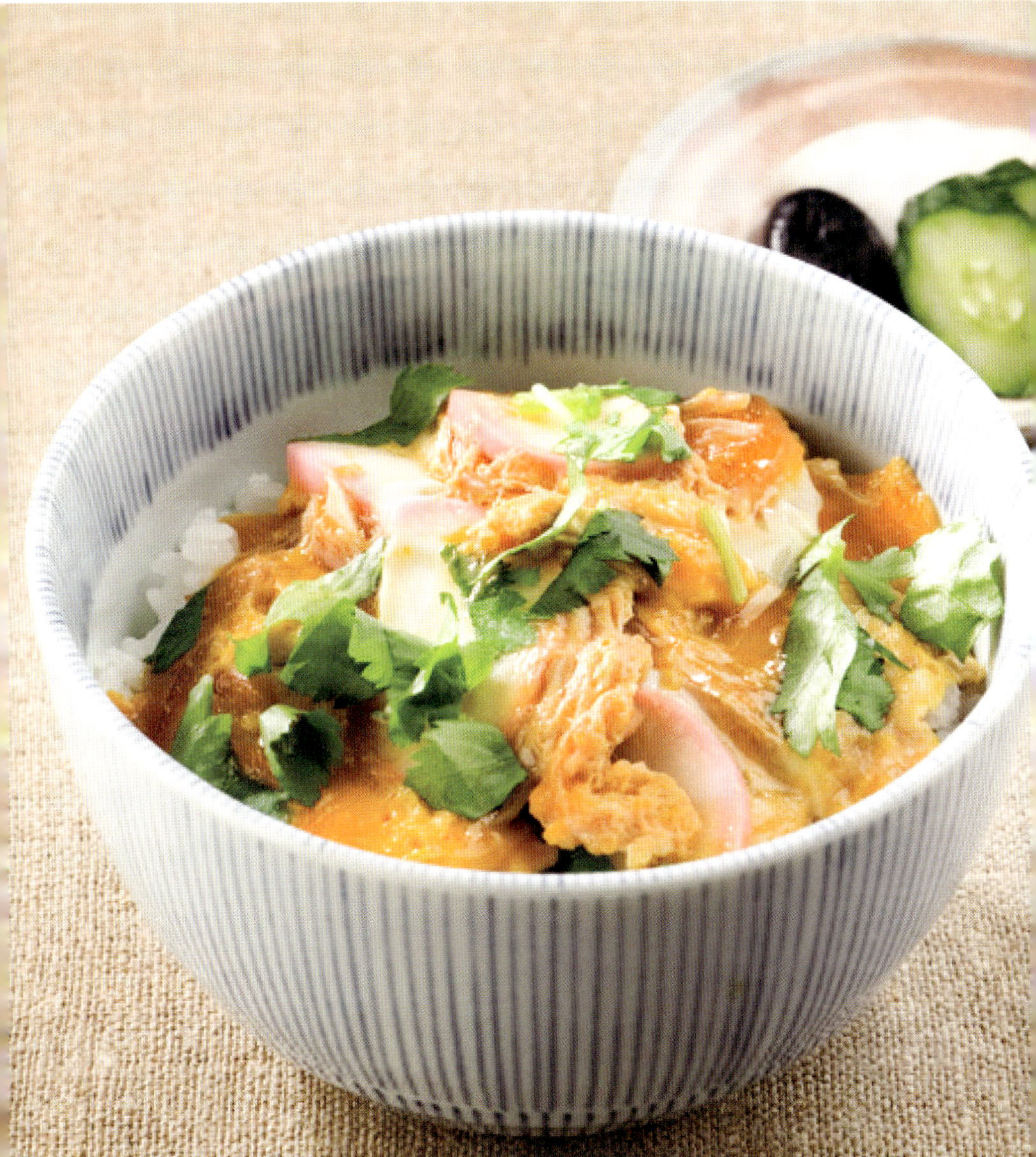

かきたま汁

卵

5分

どんな和食にも合う定番の汁物です。だしのきいたものを口にすると、一日の疲れが取れ、心が落ち着きます。

材料（2人分）
- 卵 —— 1個
- だし汁 —— 2カップ
- ⓐ
  - 塩 —— 小さじ½
  - 酒 —— 大さじ1
  - 醤油 —— 小さじ½
- ⓑ
  - 片栗粉 —— 小さじ½
  - 水 —— 小さじ½
- 生姜（すりおろし） —— 少々

54kcal

作り方
1. だし汁を中火にかける。フツフツしてきたら、ⓐで味を調える。
2. ⓑの水溶き片栗粉を加え混ぜる。ここでとろみはつかない。
3. 火を少し強め、フツフツしているところに、溶きほぐした卵を細く流すように回し入れる。ふんわり浮いてきたら、フタをして火を止める。器に盛りつけ、おろし生姜をのせる。

料理のPOINT

かきたま汁や中国風卵スープはふんわり卵が決め手ですが、隠し技があります。先に水溶き片栗粉をしのばせておき、その後、卵を流すとふわっと、舌ざわりのいいものになります。

春雨と卵のスープ

実はかげでは庶民のフカひれスープと呼んでいます。春雨はすぐに戻るし、ツルツルッと食べやすいので大人気。仕上げに入れる「ねぎ醤油」が味の決め手です！

材料（2人分）

- 春雨（乾）——20g
- 卵——1個
- 水——2カップ
- 固形スープの素——1個
- 塩・こしょう——各少々
- ⓐ 片栗粉——小さじ½
  水——小さじ½
- ⓑ 長ねぎ（小口切り）——5cm
  醤油——小さじ1
- ラー油——少々

89kcal　10分

作り方

❶ 春雨は袋の表示通りに戻し、水洗いして食べよい長さに切る。
❷ ⓑのねぎ醤油は合わせておく。
❸ 分量の水、固形スープの素を火にかけフツフツしてきたら塩・こしょうで味を調える。
❹ 春雨、ⓐの水溶き片栗粉を加え混ぜる。ここでとろみはつかない。
❺ フツフツしてきたら、溶き卵を回し入れ、ふんわり卵が浮いてきたらフタをして火を止める。器に盛りつけ、ねぎ醤油を入れる。好みでラー油をふって食べる。

イタリアン卵スープ

卵

イタリアのマンマの味、チーズ入りかきたま汁です。メインがさっぱりしている時やパスタの時などに。このスープとパンだけで、立派な朝ご飯になります。

材料（2人分）
- 水 —— 2.5カップ
- 固形スープの素 —— 1個
- 塩・こしょう —— 各少々
- ⓐ ┌ パン粉 —— 大さじ2
  ├ 粉チーズ —— 大さじ2
  └ 卵 —— 1個
- 刻みパセリ —— 適量

5分
85kcal

作り方
1. ⓐはよく混ぜ合わせておく。
2. 分量の水と固形スープの素を中火にかける。フツフツしてきたら、やや薄味に塩・こしょうで味を調える。後で塩気の強い粉チーズが入るので味つけに気をつける。
3. 再びフツフツしてきたら、ⓐを一気に入れ、すぐにホイッパーでグルグルグルッとかき混ぜる。
4. 卵が上にフワフワ浮いてきたら、フタをして火を止める。
5. 器に盛りつけ、刻みパセリを散らす。

料理のPOINT
このふわふわスープの秘密は、卵とパン粉と粉チーズを混ぜておいて同時投入することです！

たっぷり食べると安心！

野菜のおかず

忙しい人の心強い味方!

とにかく便利な ドレッシング2種と合わせみそ

このドレッシングと合わせみその3つの特徴は…

① 簡単でおいしい
② 味つけの失敗がないから安心
③ 冷蔵庫で、ドレッシングは1ヶ月半、合わせみそは3ヶ月もつ

これさえあれば、料理のバリエーションが無限に広がります!

洋風ドレッシング

冷蔵庫で日持ち **1ヶ月半**

材料
にんにく（すりおろし）── 1かけ
辛子粉又はマスタード ── 少々
赤唐辛子 ── 1本
塩 ── 小さじ2
砂糖 ── 小さじ2
米酢 ── 70cc
サラダ油 ── 100cc
62kcal（大さじ1）

《参考》
にんじんとスプラウトのサラダ ── **74頁**
大人のかぶサラダ ── **75頁**
サニーレタスのサラダ ── **77頁**
ジャーマンポテト ── **81頁**
コーンと緑のサラダ ── **82頁**

合わせみそ

材料
みそ —— ¾カップ（150g）
砂糖 —— 大さじ4
みりん —— 大さじ3
36kcal（大さじ1）

冷蔵庫で日持ち **3ヶ月**

《参考》
四川風肉キャベツ —— **10頁**
なすと豚肉のみそ炒め —— **11頁**
サバの煮つけ みそだれ —— **49頁**

和風ドレッシング

材料
砂糖 —— 小さじ2〜3
醤油 —— 50cc
米酢 —— 50cc
サラダ油 —— 50cc
46kcal（大さじ1）

冷蔵庫で日持ち **1ヶ月半**

《参考》
豚しゃぶレタスあえ —— **8頁**
鶏とわかめのごまドレッシング —— **70頁**
春菊サラダ —— **76頁**
春雨のエスニックサラダ —— **86頁**
春雨ときゅうりのサラダ —— **87頁**
涼拌なす —— **90頁**

野菜

鶏とわかめのごまドレッシング

鶏・野菜・海草がたっぷりの栄養満点サラダです。
ごまの風味でいくらでも食べられそう！

20分

材料（2人分）
鶏むね肉 —— 1枚
カットわかめ（乾） —— 大さじ2
きゅうり —— 1本
トマト —— 小さめ1個
スプラウト —— ½パック
ⓐ ┌ 和風ドレッシング※ —— 大さじ3
　 ├ レモン汁 —— 大さじ1
　 └ 白すりごま —— 大さじ3

339kcal

※69頁参照。市販のものでもOK

作り方
❶鶏むね肉は、2カップ位の湯に、塩小さじ½（分量外）を入れ、フタをしてゆでる。中まで火が通ったら、ゆで汁につけたまま冷ます。粗熱（あらねつ）がとれたら、食べやすい大きさにさく。
❷わかめは表示通りに戻し、よく水洗いし、水気を切っておく。
❸きゅうりは細切りにする。トマトは縦2つに切り、薄切りにする。スプラウトは根を切り落とす。
❹ボウルにⓐを合わせ、鶏肉、わかめ、きゅうり、トマト、スプラウトの順にあえる。

料理のPOINT
鶏にしっかり味つけし、それから野菜をあえるのがコツ。

新キャベツのじゃこサラダ

特に春におすすめのサラダですが、一年中OKです。新キャベツなら少し太めに切るとおいしい。カリッとしたじゃこがキャベツの甘味とよく合います。

材料（2人分）
- 新玉ねぎ ── ¼個
- 新キャベツ ── 2〜3枚
- スプラウト ── ½〜1パック
- ちりめんじゃこ ── 大さじ山2
- 洋風ドレッシング※ ── 大さじ2

124kcal

※68頁参照。市販のものでもOK

⏱10分

作り方
1. 新玉ねぎは薄切り、新キャベツは1cm幅位に刻む。
2. スプラウトは根を落とす。
3. ちりめんじゃこはオーブントースターでカリッとするまで焼く。
4. ボウルに洋風ドレッシングを入れ、玉ねぎ、キャベツ、スプラウトの順にあえる。
5. 器に盛りつけ、ちりめんじゃこを散らす。

お役立ちMEMO

スプラウトとは、貝割れ大根やそばの芽、ブロッコリーの芽、キャベツの芽などをいいます。どれもおいしく、彩りもいいのでとても重宝です。

大根ときゅうりの生姜酢

野菜

和・洋・中のどんなメインにも合います。生姜がさり気なく効いたサラダ風酢の物なので、たっぷり食べられます。

⏱10分

材料(2人分)
- 大根 —— 5cm
- きゅうり —— 1本
- 生姜(せん切り) —— 少々
- 刻みパセリ —— 少々
- ⓐ ┌ 塩 —— 小さじ½
  │ 砂糖 —— 小さじ2
  └ 米酢 —— 大さじ2

40kcal

作り方
❶ 大根は薄い輪切りにしてからせん切りにする。きゅうりは斜め薄切りにしてから、せん切りにする。
❷ ボウルにⓐを合わせる。
❸ ❷に生姜、大根、きゅうり、パセリの順にあえる。

料理のPOINT
大根は切り方で食感がだいぶ違います。しんなり食べたい時は、薄い輪切りにしてからせん切りにする。これが繊維を断つ切り方で野菜の水分がよく出ます。

72

ほうれん草のサラダ

最近は気軽に手に入るサラダほうれん草、緑豊かなもう一品があると「うちのご飯」って感じになりますね。

材料（2人分）

- サラダ用ほうれん草 —— ½わ
- ベーコン —— 2枚
- サラダ油 —— 小さじ1
- ⓐ
  - 米酢 —— 大さじ1
  - 塩 —— 小さじ¼
  - こしょう —— 適量
  - サラダ油 —— 小さじ2

129kcal

5分

作り方

❶ ボウルにサラダ用ほうれん草の葉を大胆にちぎって入れておく。

❷ ベーコンは5mm幅に切る。フライパンにサラダ油を入れ、中火でカリカリに炒める。

❸ 火を止め、ベーコンを取り出したあと、そこにⓐをどんどん入れてササッと混ぜ、❶のほうれん草にジャーッと回しかけ、全体をあえる。

❹ 器に盛り、ベーコンを散らす。

お役立ちMEMO

レモンって、案外買い忘れたり、切らしていることがあります。このサラダはお酢で。米酢は酸味がはっきりしているのでおすすめ。

にんじんとスプラウトのサラダ

色鮮やかなにんじんをマスタードの効いたドレッシングであえた一品です。すぐ食べてもおいしいけれど、冷蔵庫に入れ、翌日食べればまた一段といいお味！

料理のPOINT
にんじんのせん切りは、包丁ではなかなかサラダで食べるような均一な切り方になりません。細い太いがあるよりは、せん切りスライサーを使った方がおいしく仕上ります。

材料（2人分）
にんじん —— 中1本
スプラウト —— 1/2〜1パック
ⓐ ┌ 洋風ドレッシング※ —— 大さじ2
　 └ 粒マスタード —— 小さじ1

105kcal
※ 68頁参照。市販のものでもOK

⏱ 5分

作り方
❶ にんじんは、スライサーでせん切りにする。スプラウトは、根を切り落とす。
❷ ボウルにⓐを合わせ、にんじん、スプラウトの順にあえる。

野菜

大人のかぶサラダ

砕いた粒こしょうのピリッとした味わいが、生のかぶならではの甘味を引き出します。歯ざわりも心地よい、さわやかな一品！

材料（2人分） 5分
- かぶ —— 5個
- レタス —— 2枚
- ⓐ ┌ 洋風ドレッシング※ —— 大さじ2
    └ 粒こしょう —— 5粒

86kcal

※ 68頁参照。市販のものでもOK

作り方

❶ かぶは皮をむいて縦半分に切り、水分が出やすいよう繊維を断ち切るように横に薄切りにする。レタスは、大きめの一口大にちぎる。

❷ 粒こしょうを、まな板の上に置き、丼みたいな厚い器の側面などでつぶす。

❸ ボウルにⓐを合わせ、かぶ、レタスの順にホワッとあえる。

お役立ちMEMO

こしょうは辛みと香りを味わうスパイス。こしょう挽きでガリガリもいいけれど、時には粒のまま使うのもいいものです。粗くつぶして使うと、口の中でピリッとくる辛さが大人の味！

春菊サラダ

春菊はゆでて使うものと思い込んでいませんか？生のままサラダにしてもおいしいですよ。春菊の香りとほろ苦さが、醤油ドレッシングとよく合い、鍋物の箸休めなどにぴったりです。

材料（2人分）
- 春菊 —— ½わ
- ａ
  - 和風ドレッシング※ —— 大さじ3
  - 長ねぎ（みじん切り）—— 少々
  - ごま油 —— 小さじ½
- レモン又はすだち —— 適量

148kcal　5分

※69頁参照。市販のものでもOK

作り方
❶ 春菊は、葉の部分をちぎる。
❷ ボウルにⓐを合わせ、春菊を加えてササッと混ぜる。
❸ 器に盛りつけ、レモンを添え、キュッとしぼって食べる。

料理のPOINT
春菊の軸は、おひたしなど火を通す場合は気にせず食べられるが、生でサラダの場合は、葉の柔らかい部分だけを手で摘みます。残った軸は汁やスープに。

野菜

サニーレタスのサラダ

おいしさの秘密は、トマトを最初からドレッシングにしのばせておくこと。トマトとレモンの自然の酸味がほろ苦いサニーレタスを抜群においしくします。

材料（2人分）
サニーレタス —— 4枚
玉ねぎ —— ¼個
完熟トマト —— 1個
ⓐ ┌ 洋風ドレッシング※ —— 大さじ2
　└ レモン汁 —— 大さじ1

93kcal

※68頁参照。市販のものでもOK

⏱ **5分**

お役立ちMEMO

サニーレタスは新聞紙に包むなり袋に入れて保存します。使う時、茎の茶色くなった下部分は少し切り落としとします。

作り方

❶ トマトは1cm角に切る。玉ねぎは薄切りにする。サニーレタスは大きめの一口大にちぎる。
❷ ボウルにⓐを合わせておく。
❸ ❷にトマトを加えてあえ、次に玉ねぎを加えてあえ、最後にサニーレタスをホワッホワッと葉っぱをつぶさぬように和える。

野菜

トマトのスイートサラダ

実はトマトには甘いドレッシングがよく合います。上にのっけるトッピング野菜によって、味も色もいろいろ楽しめます。

料理のPOINT
この料理は、皮をむいた部分から味がしみ込むのがおいしいので、皮はぜひ湯むきを。

材料（2人分）
- 完熟トマト —— 2個
- 玉ねぎ —— ¼個
- 又は刻みパセリ —— 適量
- ⓐ 米酢 —— 大さじ1
- ⓐ 砂糖 —— 小さじ1〜2
- ⓐ 塩 —— 小さじ½

46kcal
5分

作り方（2人分）
❶ トマトは湯むきする。湯をわかし、トマトにフォークを刺してフツフツ8秒程ゆで、すぐ冷水に取って、皮をむく。

❷ ❶のトマトは縦2つに切り、横に薄切りにする。玉ねぎは薄切りにする。

❸ ⓐはよく合わせておく。

❹ 器にトマトを盛りつけ、玉ねぎ又はパセリを散らす。ⓐを上から均一にかける。このまま冷やしてもおいしい。

大根と大根葉のサラダ

ただ塩水に漬けるだけ！信じられないくらい簡単な一品ですが、おどろくほど美味。大根の奥深いおいしさを満喫する一品です。

材料（2人分）

- 大根 —— 5cm
- ⓐ ┌ 塩 —— 大さじ1
    └ 水 —— 2.5カップ
- 大根葉 —— 適量
- すだちなどの柑橘類 —— 適量

15kcal

15分

料理のPOINT
大根を塩水につけるのは、アク抜きも兼ねつつ、下味を均一につけるためです。

作り方

❶ 大根は薄い輪切りにしてから、せん切りにして、ⓐの塩水に10分つける。せん切りスライサーを使うと早い。

❷ 大根葉は細かく刻んで、塩少々（分量外）をまぶし、水洗いしてキュッと絞ってから、❶の塩水に一緒に入れる。

❸ ❷の全体を箸でザザッと混ぜてから、ザルにあけ水気を切る。さらに両手で水気を絞り、器に盛りつける。すだちなどをしぼって食べる。

野菜

きゅうりの辛味漬け

ラー油の入った醤油ドレッシングがピリッ。ポリポリとまりません。つい沢山作ってしまいますが、すぐなくなります。ビールのつまみにも最適ですよ。

料理のPOINT

すりこぎやめん棒で叩いてひびを入れてから手でさいていくと、ギザギザとした粗い割れめになります。これが味をしみ込みやすくするコツ。食べる30分位前に作っておくとちょうどよい味加減。一晩冷蔵庫でねかせると、もっとおいしい。

5分

材料（2人分）
- きゅうり ── 5本
- ａ
  - 醤油 ── 大さじ3
  - 酒 ── 大さじ1
  - 米酢 ── 大さじ1
  - 砂糖 ── 小さじ½
  - ラー油 ── 少々

143kcal（全量）

作り方
1. きゅうりはすりこぎで叩いて、ひびを入れ、一口大にさく。
2. ａの調味料を合わせる。
3. 密閉容器にきゅうりを詰め込み、ａを加えてフタをし、容器をふって味をなじませる。

ジャーマンポテト

マヨネーズ味ではないポテトサラダです。ドレッシングに入れた粒マスタードが味の決め手。玉ねぎを先にドレッシングにしみ込ませておくのがコツです。

材料（2人分）
- じゃが芋 —— 2個
- 玉ねぎ —— ¼個
- 洋風ドレッシング※
  - ⓐ —— 大さじ2
  - 粒マスタード —— 小さじ½
- ハム —— 2枚
- 刻みパセリ —— 適量

216kcal

※ 68頁参照。市販のものでOK。

⏱ 15分

作り方

❶ じゃが芋は一口大に切り、ヒタヒタの水でフタをしてゆでる。じゃが芋に火が通ったら、余分な水分を切り、再び火にかけ水分を完全にとばす。

❷ 玉ねぎは歯ざわりがいいよう繊維にそった薄切りにする。ハムは粗みじんに刻む。

❸ ボウルにⓐと玉ねぎをよく混ぜておく。

❹ ❶の熱々のじゃが芋を❸のドレッシングに加えてあえる。次にハム、パセリも加えてあえる。

コーンと緑のサラダ

野菜

緑の野菜をたっぷり食べたーい！近頃、外食が多いなという時におすすめです。

材料（2人分）
ゆでたほうれん草 ──── ½わ分
コーン缶（粒）──── 小1缶
洋風ドレッシング※
    ──── 大さじ2

5分

129kcal

※ 68頁参照。市販のものでもOK

作り方
❶ ほうれん草は水気を絞り、2～3㎝長さに切る。
❷ ドレッシングでほうれん草と汁気を切ったコーンをあえる。

料理のPOINT

ほうれん草のゆで方。たっぷりの湯に塩を適量入れ、葉の方から入れてゆでるのがカツ代式。途中でひっくり返し、程よい固さにゆでたら水に取り、大急ぎで3回位水をかえ、その後たっぷりの冷水に5分程さらすと、味がぐーんと良くなります。

白菜のゆずあえ

冬の贈り物、白菜とゆずをほんの少しの水で蒸しゆでします。自然の甘味と香りは、色・味ともに品格のある日本のおかずです。

材料（2人分）

- 白菜 —— 1/8個
- ゆずの皮 —— 1/2個分
- ⓐ 米酢 —— 小さじ2
- ⓐ 砂糖 —— 小さじ1/2
- ⓐ 塩 —— 小さじ1/4〜1/2

15分

32kcal

作り方

❶ 白菜は軸と葉に切り分け、軸は食べよい長さの繊維にそった細切り、葉はザク切りにする。ゆずの皮はせん切りにする。

❷ 鍋の中を水でぬらし、白菜の軸、葉、ゆずの皮を入れる。上から水を1/4カップ（分量外）回しかけ、フタをして強めの中火にかける。

❸ 7〜8分煮たら、火を止めそのまま冷ます。

❹ ボウルにⓐを混ぜ、水気を切った❸の白菜をあえる。

お役立ちMEMO

ゆずの皮は冬の鍋や吸い物で欠かせない香りの素材ですが、なかなか使いきれないというのがほとんど。そこですぐ使えるよう、皮を薄くそいでの冷凍をおすすめします。

野菜

もやしのゆであえ

いつも安定した値段で買えるもやしは庶民の味方。大きいおかずは決まったけれど、もう一品欲しいなという時に便利。細ねぎは味を左右するので、ぜひ欲しいです。

材料(2人分)
もやし —— 1袋
ハム —— 4枚
ⓐ ┌ 塩 —— 小さじ½
　├ 砂糖 —— 小さじ1
　└ 米酢 —— 大さじ1
細ねぎ(小口切り) —— 適量

5分

108kcal

作り方
❶ もやしは熱湯でゆでたらザルにあけ、水気を切りそのまま冷ます。
❷ ハムは細切りにする。
❸ ボウルにⓐを合わせ、もやし、ハムの順にあえる。器に盛りつけ細ねぎを散らす。

料理のPOINT
もやしのゆで加減は好み。シャキシャキ感を残したければサッと。しんなりが好きなら2～3分ゆでればいい。ただし水にはけっして取らないこと。これ大事です。

春菊のごまあえ

ごまあえは本当においしい！
これは香り豊かな春菊で作りました。
ごまは、白ごま・黒ごま、好みでどちらでも。

材料（2人分）
- 春菊 —— 1/2わ
- ⓐ 白すりごま —— 大さじ2
-   砂糖 —— 小さじ1
-   薄口醤油 —— 小さじ1

15分
65kcal

作り方
❶ 春菊は軸の固い部分1〜2㎝を切り落とし、熱湯で程よくゆでたらザルにあけ、自然に冷ます。
❷ 冷めたら、水気を軽く絞り、2〜3㎝長さに切る。
❸ すり鉢かボウルにⓐを入れてよく混ぜ、春菊をあえる。

料理のPOINT
ゆでたあと、ほうれん草のように水にさらした方がいい葉物もあるけれど、水に取ったとたん味が落ちるものもあります。春菊はその代表。ゆでたら、ザルに取って広げて冷ます。これが一番。

野菜

春雨のエスニックサラダ

にんにくとカレー粉が隠し味の人気春雨サラダ。いくらでも食べられるので、沢山作って山ほど食べたい。独特の香りの香菜(シャンツァイ)は好きずきなので、三つ葉でもOK。

材料(2人分)
- 春雨(乾) —— 30g
- レタス —— 3枚
- トマト —— 1個
- 豚挽き肉 —— 100g
- サラダ油 —— 小さじ2
- ａ
  - 和風ドレッシング※ —— 大さじ3
  - にんにく(すりおろし) —— 少々
  - カレー粉 —— 小さじ½
  - 赤唐辛子(輪切り) —— 少々
- 香菜又は三つ葉 —— 適量
- ラー油 —— 少々

298kcal　**15分**

※ 69頁参照。市販のものでもOK

作り方
❶ 春雨は袋の表示通りに戻し、水洗いして食べよい長さに切る。水気をよく切る。
❷ レタスは細切りにする。トマトは半分に切ってから、横に薄切りにする。
❸ 大きいボウルにａをよく合わせておく。
❹ フライパンにサラダ油を熱し、中火で挽き肉を炒める。肉に火が通ったら、熱々のうちにａに漬ける。
❺ ❹の粗熱(あらねつ)がとれたら、春雨、レタス、トマトの順にあえる。
❻ 器に盛りつけ、刻んだ香菜をのせる。好みでラー油をふるとパンチのきいた味になって、おいしい。

春雨ときゅうりのサラダ

学生食堂や定食屋さんでおなじみの懐かしいおかず。
ハムと紅生姜が色・味ともにアクセントです。

材料（2人分）

- 春雨（乾） —— 40g
- きゅうり —— 1本
- ハム —— 2枚
- ⓐ ┌ 和風ドレッシング※ —— 大さじ2
  ├ 砂糖 —— 少々
  ├ 溶き辛子 —— 少々
  └ ごま油 —— 小さじ1
- 白いりごま —— 小さじ2
- 紅生姜 —— 適量

207kcal

※69頁参照。市販のものでもOK。

🕙 10分

今人気の春雨。戻し方はゆでて戻すか、熱湯で戻し必ず水洗いする。サラダで食べる場合はゆでて戻します。

お役立ちMEMO

作り方

❶ 春雨は袋の表示通りに戻し、水洗いして食べよい長さに切る。水気をよく切る。

❷ きゅうりは薄い輪切りにし、ハムは細切りにする。

❸ ボウルにⓐを合わせる。砂糖を加えているのは、このサラダは少し甘めがいいからです。

❹ ❸に春雨ときゅうりを加えてあえ、ハムとごまも加えてあえ、器に盛りつけ、紅生姜を添える。

野菜

グリーンアスパラのごまあえ

グリーンアスパラには、黒ごまが合います。歯ざわりが少し残る位にゆでるのがコツ。黒ごまはねっとり練ると香ばしいけど、時間がないときは練りごまを使えばあっという間です。

料理のPOINT

とりたてのアスパラガスは、本当に柔らかいけれど、店頭に並ぶまで、だいたい2日はたっています。下の方がどうしてもスジスジするので、おいしく食べるには、下の方をピーラーで薄く皮をむいてから切ります。もし包丁でむく場合は、食べるところまで削らないよう注意して。

作り方

❶アスパラガスは、下半分位、皮をピーラーでごく薄くむく。長さを4等分にして、うんと細いもの以外は縦2つに切る。

❷熱湯に塩を加えアスパラガスをゆで、ザルにあけて水気を切り、自然に冷ます。

❸すり鉢にごまを入れ、すりこぎで、うんざりするほどする。急ぐときは市販の練りごまを使うと便利。

❹❸にⓐを加え混ぜる。ここにアスパラガスを加えてあえる。

10分

材料（2人分）
グリーンアスパラガス　――1わ
塩――少々
黒いりごま――大さじ3
ⓐ┌みりん――小さじ2
　└薄口醤油――小さじ½

107kcal

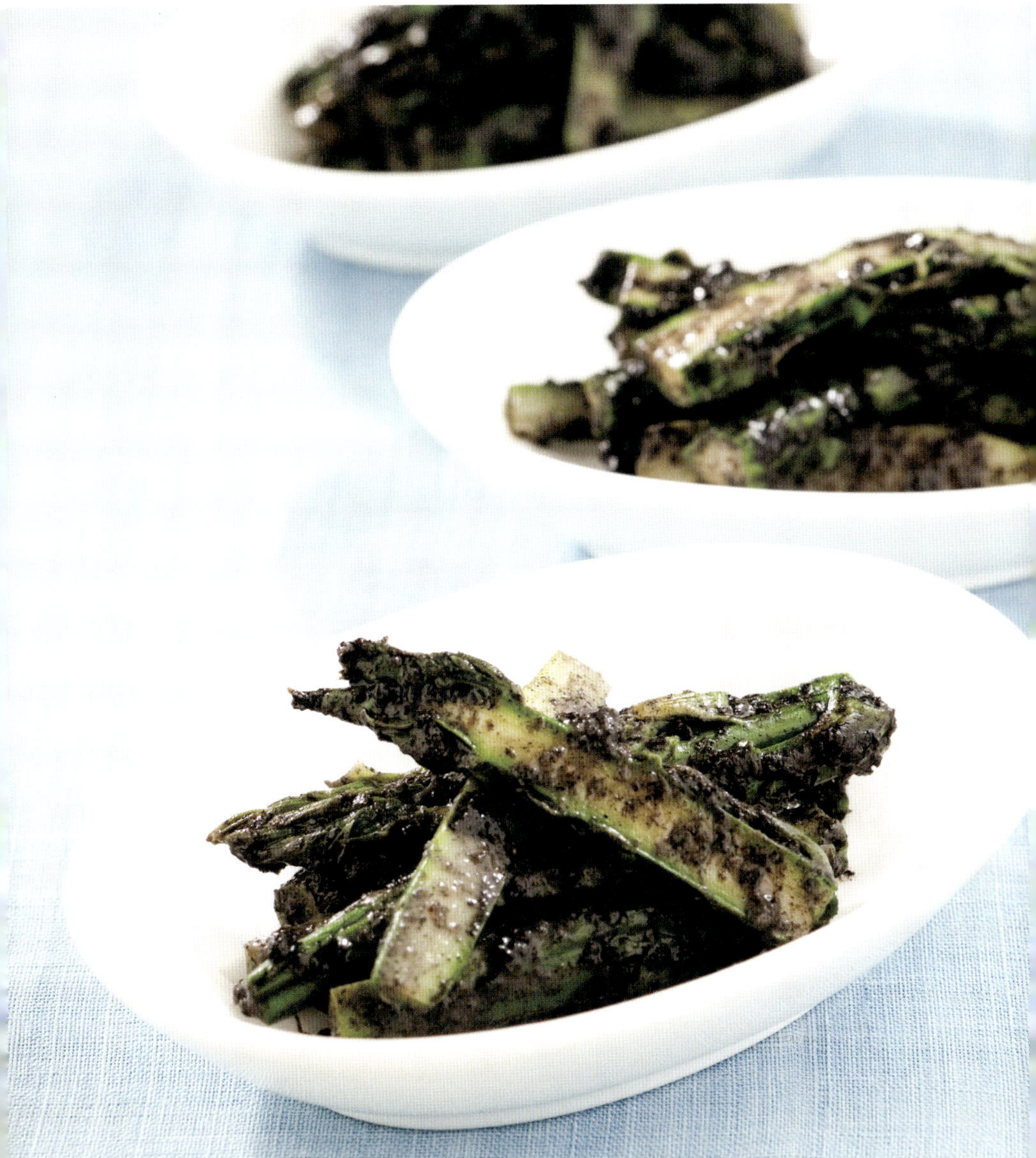

涼拌なす(リャンバン)

つめたーく冷やして召し上がれ。本来は蒸す料理ですが、時間がかかります。丸ごとゆでれば、誰でも気軽に簡単にできます!

材料(2人分) ⏱20分
- なす —— 3本
- 桜エビ —— 大さじ2
- ⓐ ┌ 和風ドレッシング※ —— 大さじ2
-    ├ 豆板醤 —— 少々
-    └ にんにく(すりおろし) —— 少々

89kcal

※ 69頁参照。市販のものでもOK

作り方

❶ なすはヘタを切り落とし、塩(分量外)を加えた熱湯で丸ごとゆでる。ザルに引き上げ、粗熱がとれたら、縦5〜6等分にさく。

❷ オーブントースターの天板に桜エビを広げる。1〜2分、焦がさないように気をつけながらカリッと焼く。

❸ 器にⓐを合わせ、なすを5〜10分漬けておく。食べる時に、カリッと桜エビを指で砕きながら散らす。

📎 お役立ちMEMO

桜エビは、少し使うだけでコクが出るし、味のポイントになる実に便利な乾物食材。乾物といっても、冷蔵か、冷凍での保存がおすすめです。

野菜

なすの炒め煮

じんわり味がしみたなすの煮物のおいしさ！見た目は地味でも、あるとうれしい定番おかずです。でき立ての温かいのも、完全に冷めたのどっちも好き。

材料（2人分）
- なす —— 4本
- ごま油 —— 小さじ2
- ⓐ 水 —— ¾カップ
- ⓐ 砂糖 —— 小さじ1
- ⓐ 醤油 —— 小さじ2
- 削り節 —— ½パック
- 青じそ（せん切り）—— 5枚

83kcal

20分

お役立ちMEMO
ごま油で炒める方がコクが出ますが、サラダ油でもOK。さらっとした味に仕上がります。

作り方

❶ なすはヘタを切り落とし、縦2つに切ってから半分に切る。海水位の塩水（分量外）に5分つけて水気をふく。

❷ 鍋にごま油を入れて中火にかけ、なすを炒める。

❸ なすが熱々になってきたら、ⓐを加えてフタをして10分煮る。火を止めて食べるまでそのまま置くと、余熱で味がじわっとしみ込む。

❹ 食べる直前に、せん切りの青じそと削り節を加えてざっとあえて、器に盛りつける。

野菜

なすのソース味

作り方は秘密にしておきたいくらい簡単！焼いてソースに漬けるだけ。だからこそ紅生姜と青のりは欠かせません。

材料（2人分）
- なす —— 3本
- サラダ油 —— 適量
- ウスターソース —— 大さじ1
- 紅生姜 —— 適量
- 青のり —— 適量

94kcal　10分

作り方
❶ なすはヘタを切り落とし、斜めに1.5cm幅に切り、海水位の塩水（分量外）に5分つけ、水気をふく。
❷ フライパンにサラダ油を熱し、なすを中火で焼く。全体を返し、焼きつけるように炒める。
❸ なすに火が通ったら、ウスターソースに漬け込んでいく。器に盛りつけ、紅生姜と青のりを散らす。

お役立ちMEMO
ソースは中濃ソースでもOK。味の違いは、ウスターはピリッとしたスパイシーな味。中濃は少し甘めです。

大根のゆず香

ゆでるように煮て、醤油をかけて食べる。大根の素朴な甘味を味わう料理です。メインは買ってきても、こんな一品があればホッ。

料理のPOINT

シンプルな料理なので、昆布と大根を一緒に煮るのがおいしさの秘訣です。

材料（2人分）
- 大根 —— 5cm
- 水 —— 2カップ位
- 昆布 —— 5cm
- ⓐ 酒 —— 大さじ2
- 　 みりん —— 大さじ½
- 　 塩 —— 小さじ½弱
- ゆずの皮（せん切り） —— 適量
- 醤油 —— 適量

15分 / 39kcal

作り方

❶ 大根は5mm厚さのいちょう切りにする。昆布はざっと洗う。

❷ 鍋に大根を入れ、分量の水を入れる。ⓐを加え、昆布をかぶせ、フタをして中火にかける。フツフツしてきたら火を弱め、10分少々煮る。

❸ 大根が柔らかくなったら火を止め、ゆずの皮を散らす。食べるまで煮汁につけておく。

❹ 汁ごと大根を盛りつけ、食べる時に醤油をかけて食べる。ホカホカもいいが、ひんやり冷たーいのもおいしい。

野菜

竹の子のおかか煮

おかかと竹の子だけのとてもシンプルな煮物。春の新竹の子の季節にはぜひ食べたいなあ。酒の肴（さかな）におすすめ。お弁当にも便利です。

材料（2人分）
- ゆで竹の子 —— 小1本（200g）
- ａ
  - 水 —— ¾カップ
  - みりん —— 小さじ2
  - 酒 —— 小さじ2
  - 醤油 —— 小さじ2
- 削り節 —— 1パック

57kcal　15分

作り方
❶ 竹の子は、下の部分は1cmの輪切りか半月に切る。穂先は縦6〜8等分に切る。煮る前にもう一度水洗いすると味があかぬける。

❷ 鍋に ａ を入れて中火にかける。フツフツしてきたら竹の子を入れ、表面を平らにし、フタをして10分程煮る。

❸ 仕上げに削り節を加えて火を止める。

料理のPOINT

ゆで竹の子の煮物には、おいしく仕上げるコツがあります。ザブザブ洗って切った後、ゆで竹の子の空洞についている白いポチポチを、中まで洗って使うとスッキリした味になります。

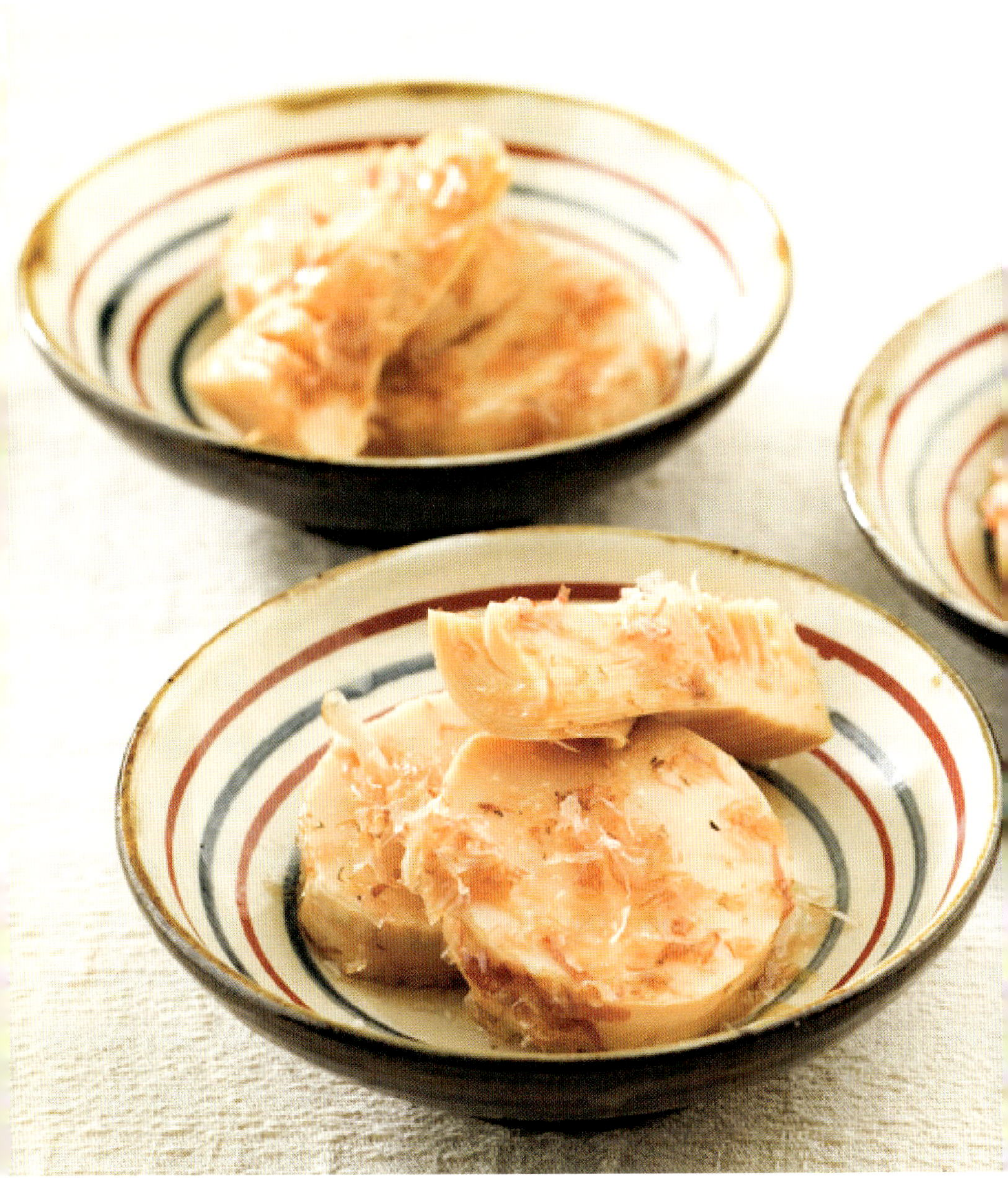

切り干し大根の煮物

野菜

こういう常備菜があるとやっぱり安心ですね。根強い人気のうれし懐かしおかず。お弁当にも！にんじんと油揚げのベストな組み合わせで。

20分

材料(2人分)
- 切り干し大根(乾) —— ½カップ(10g)
- にんじん —— 5cm
- 油揚げ —— ½枚
- サラダ油 —— 小さじ1
- ⓐ　だし汁 —— 1カップ
- 　　砂糖 —— 小さじ½
- 　　醤油 —— 大さじ2

160kcal (全量)

作り方
❶ 切り干し大根は洗って、袋の表示通りに戻しておく。熱湯でさっとゆでてザルにあけ、粗熱(あらねつ)がとれたら、食べよい長さに切る。

❷ にんじんは、細切りにする。油揚げは湯で洗ってギュッと絞り、細切りにする。

❸ 鍋にサラダ油を入れて火にかけ、にんじん、油揚げの順に中火で炒める。全体が熱々になったら、切り干し大根を加えてさっと炒める。

❹ ❸にⓐを加え、フタをして10分煮る。フタをしたまま火を止め、余熱で味をしみ込ませる。

料理のPOINT
煮上がったばかりの時は味がパッとしないかもしれませんが、時間の経過で味が程よくなります。これが余熱マジック。

ぜんまいの炒め煮

こちらも人気の定番おかずです。水煮のぜんまいを使えば簡単にできます。油揚げにしみ込んだ煮汁がジュワーッとおいしい！

材料（2人分） 10分

- ぜんまい水煮 —— 1袋（150g）
- にんじん —— 10cm
- 油揚げ —— ½枚
- サラダ油 —— 小さじ2
- ａ ┌ 醤油 —— 大さじ1
  ├ 砂糖 —— 大さじ1
  ├ 酒 —— 大さじ1
  └ だし汁 —— 1カップ

278kcal（全量）

作り方

❶ ぜんまいはよく洗ったら、食べよい長さに切る。にんじんはぜんまいと同じ太さの細切りにする。油揚げは湯で洗い、ギュッと絞って、細切りにする。

❷ 鍋にサラダ油を入れて中火にかけ、にんじんと油揚げを炒める。全体が熱々になったら、ⓐを加える。

❸ フツフツしてきたら、ぜんまいを加えフタをして5分煮る。

❹ フタをしたまま火を止め、粗熱がとれるまでそのまま余熱に置く。

きんぴらピーマン

野菜 10分

食卓がパッと華やかになるきんぴらです。パプリカは色によって味も香りも違いますが、1種類でもOK。お弁当にも便利な一品です。

材料(2人分)
- パプリカ(赤・黄) —— 各½個
- ピーマン —— 2個
- ごま油 —— 大さじ1
- みりん —— 小さじ2
- 薄口醤油 —— 小さじ2
- 白いりごま —— 小さじ2

116kcal

作り方
❶ パプリカとピーマンは、縦半分に切り、5㎜幅の細切りにする。
❷ 鍋にごま油を熱し、パプリカとピーマンを強めの中火で炒める。
❸ シナッとなったら、みりん、薄口醤油を加える。水分をとばすように炒める。
❹ 白ごまを加えてざっと混ぜ、できあがり。すぐ器に移す。

お役立ちMEMO
みりんと砂糖の甘味の換算の仕方は、砂糖小さじ1=みりん大さじ1。これがほぼ同じ甘味といわれていますが、甘味の種類が違い、みりんの方がさらっとした甘味です。

さつま芋のみつ煮

こういうちょこっと甘いおかずがあると心がなごみますね。ことに女性は大好きな人が多いです。みつごと冷たくするとおやつにもなります。

材料（2人分）
さつま芋 —— 1本（250g）
水 —— 1.5カップ
砂糖 —— 大さじ4〜5

435kcal（全量）

20分

料理のPOINT
さつま芋は変色しやすいので、切ったらすぐ塩水か水につけていきます。

作り方
❶さつま芋は、1cmの輪切りか、太ければ半月に切り、海水位の塩水（分量外）に5分つける。
❷鍋に水気を切ったさつま芋、分量の水、砂糖を加える。フタをして中火でさつま芋に火が通るまで、10分程煮る。
❸さつま芋を器に取り出し、煮汁を2〜3分煮詰め、トローッとさせてからさつま芋の上にかける。

野菜

アスパラのチーズ炒め

生から焼くので、アスパラ本来のうまみを楽しめます。ワインやビールにぴったりです。アスパラのおいしい季節になったら、ぜひ!

材料(2人分)
グリーンアスパラガス —— 1わ
オリーブ油 —— 大さじ1
塩・こしょう —— 各少々
粉チーズ —— 大さじ2

95kcal
10分

作り方
① アスパラガスは、下半分の皮をピーラーで薄くむき、2等分する。
② フライパンにオリーブ油とアスパラガスを並べ、全体に塩・こしょうをふり、フタをして弱めの中火にかける。時々、フライパンをゆすり、ころがしながら焼く。
③ アスパラガスに程よく火が通ったら、粉チーズを全体にふり、フタを開けたまま、少し焼く。

料理のPOINT
中までゆっくり火を通すので火加減は弱め、フタはする方が早く仕上がります。

じゃが芋のにんにくタラコ炒め

ファンが多いポテトとタラコの「タラモサラダ」。その炒めバージョンです。こちらも酒の肴（さかな）にぴったり！仕上げの細ねぎでピッと味が引き締まります。

15分

材料（2人分）
- じゃが芋 —— 2個
- タラコ —— 小½腹
- にんにく（みじん切り）—— 少々
- サラダ油 —— 大さじ1
- 細ねぎ（小口切り）—— 大さじ1
- 塩・こしょう —— 各少々

179kcal

作り方

❶ じゃが芋は薄切りにし、5分位水に放し、ザルにあけて水気をよく切る。薄切りにするのは、スライサーでも包丁でもよい。

❷ フライパンにサラダ油とにんにくを入れて中火にかける。にんにくのいい香りがしてきたら、じゃが芋を加えて強火で炒める。

❸ じゃが芋に油がまわったら、タラコをちぎって加える。タラコをほぐすように炒め、味をみて塩・こしょうで調える。

❹ 器に盛りつけ、細ねぎを散らす。

お役立ちMEMO

タラコの1腹とは、2本くっついたものをいう。だから½腹とあれば、くっついているのをはなして1本のことです。

白菜のおかか煮

「知っておくと一生の財産になります！」と言いたいくらいの味わい深い一品です。白菜は、煮物・炒め物・汁物、どんな料理にも名脇役。本当においしいだしの出る野菜です。

料理のPOINT

白菜は少量の水で煮るのがおいしい。白菜から水分が出る前に焦げては台無しなので、鍋の中を水でぬらしてから白菜を入れると安心、上手にできます。

材料（2人分）
- 白菜 —— ⅙個
- ⎡ 水 —— ¼カップ
- ｜ 酒 —— 大さじ1
- ⓐ 醤油 —— 小さじ1
- ｜ 塩 —— 小さじ¼
- ⎣ みりん —— 小さじ½
- 削り節 —— ½パック

40kcal　15分

作り方
❶ 白菜は葉と軸に切り分け、葉はザク切り、軸は繊維にそった細切りにする（切り方18頁参照）。
❷ 鍋の中を水でぬらし、軸、葉の順に重ね入れる。
❸ ⓐを加えて中火にかけ、フタをして10分程煮る。仕上げに削り節を混ぜ、火を止める。ほかほかも、冷めたのもうまい。

野菜

もやし卵

お財布ピンチの時に心強ーい味方！急いでもう一品という時に便利なおかずです。コツはもやしをガーッと強火で炒めること。そして紅生姜。ビールにもぜひ！

材料（2人分）
もやし ── 1袋
ごま油 ── 大さじ1
塩 ── 小さじ½
紅生姜 ── 大さじ1
卵 ── 2個
152kcal

⏱ 5分

作り方
❶ もやしは洗ったあと、水気をよく切る。卵はよく溶いておく。
❷ フライパンか中華鍋にごま油を熱し、熱々になったら、もやしをジャッと強火で炒める。
❸ 塩、紅生姜も加え、全体に油がまわったら、溶き卵を一気に流し、もやしにまぶしつけるように炒める。
❹ すぐ器に移す。好みで醤油（分量外）を少しかけて食べてもおいしい。

📎 お役立ちMEMO
紅生姜は味の決め手となる存在です。このもやし卵もそうですが、お好み焼きやタコ焼きなど紅生姜がないと成立しないくらい。

野菜

にらの卵とじ

いわゆる「にら玉」の材料を全部混ぜて、オーブントースターで焼くだけのらくらくおかずです。手をかけずに、でも味はばっちり！オーブンで焼いてる間にもう一品できてしまいます。

15分

材料（2人分）
卵 —— 3個
にら —— ½わ
ⓐ┌ 醤油 —— 小さじ1
　│ 塩・こしょう —— 各少々
　└ ごま油 —— 小さじ½

132kcal

作り方
❶ ボウルに卵を割り入れ、よく溶いておく。
❷ にらは2cm長さに切り、❶のボウルに加える。ⓐも加え混ぜる。
❸ 耐熱容器の中を水でザッとぬらし、❷を流す。
❹ すぐにオーブントースターに入れ、10～15分（時間は容器による）、卵に火が通るまで焼く。オーブンの場合は温度設定を200度で。

お役立ちMEMO

にらやもやしは値段も安いし、とても便利ですが、いたみやすい野菜です。予定して買ったものの、その日に使わなかったという時は、とりあえずゆでておくのがおすすめ。冷めてから冷蔵保存しておけば2～3日はもちます。

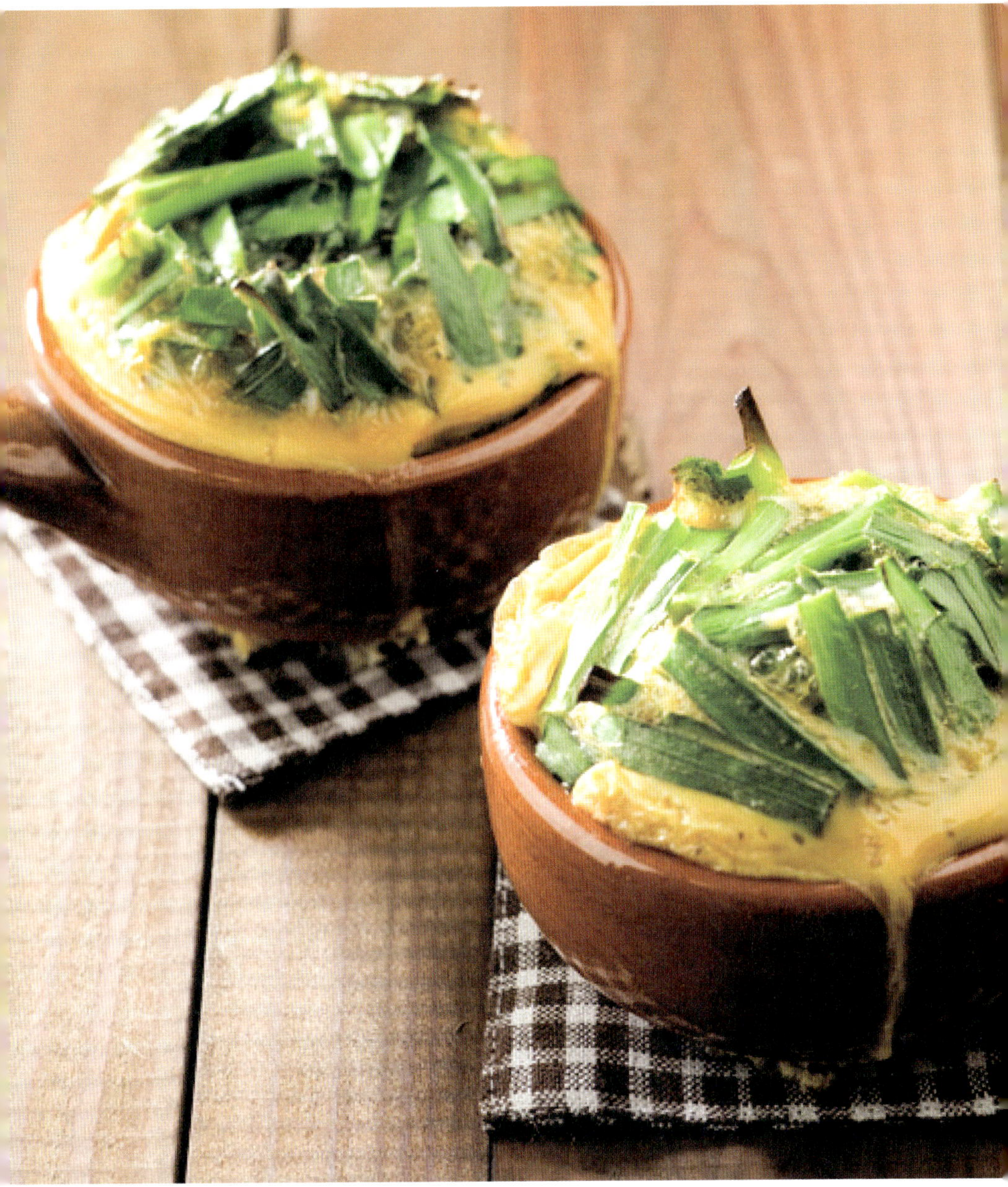

小松菜直炒（じか）め

野菜 / 5分

最近は一年中手に入る小松菜をたっぷり食べましょう。炒めた時、勢いよくジャーッと元気な音が出るほどおいしい！片栗粉のパラパラマジックでピッカピカの仕上がりです。

材料（2人分）
- 小松菜 —— ½わ
- サラダ油 —— 大さじ1
- 塩 —— 小さじ½弱
- 湯 —— ¼カップ
- 片栗粉 —— 少々
- こしょう —— 少々

70kcal

作り方
❶小松菜は、5〜6cm長さに切る。
❷中華鍋にサラダ油を熱し、熱々になったら、小松菜を加える。強火で勢いよく炒め、全体に油がまわったら、塩と分量の湯を加える。
❸強火のまま全体を混ぜる。緑の色が全体に鮮やかになり、水分をとばすように、程よく炒めたら、片栗粉を少量パラパラッと全体にふりかけ、強火のままササッと全体を炒める。
❹味をみて、こしょうで調える。

料理のPOINT
もう少しで青菜に火が通るかな…という時、片栗粉を少々パラパラと全体にふる。しゃっきりしたまま、舌ざわりがやさしく、ご飯によく合う食感になります。

ほうれん草のゆでソテー

青菜をたっぷり食べたいなという時におすすめの一品。見た目も味も炒め物風なのに、ただゆでただけ！秘密はゆでるときに入れる少しの油です。後片づけも簡単。このやり方は他の野菜にも応用できます。

材料（2人分）
- ほうれん草 ── ½わ
- しめじ ── ½パック
- ベーコン ── 2枚
- 湯 ── 3カップ
- 塩 ── 小さじ1
- サラダ油 ── 小さじ1
- 醤油 ── 少々
- レモン ── 2切れ

101kcal　5分

作り方

❶ ほうれん草は5〜6cm長さに切る。しめじは石づきを取り、食べよくさく。

❷ ベーコンは2cm幅に切る。

❸ 中華鍋か大きい鍋に分量の湯を沸かし、塩とサラダ油を加える。

❹ グラグラしているところに、ベーコン、ほうれん草、しめじの順にどんどん入れていく。

❺ ほうれん草に火が通ったら、網じゃくしですくい、水気を切って器に盛りつける。食べるときに醤油をちょろりとかけ、レモンをしぼって食べる。

野菜

ポテトの即席グラタン

熱々のグラタンが食べたくなった時におすすめ。じゃが芋とハムだけだから気軽に作れます。急いでいる時はホワイトソースの缶詰を使うと便利。ひと味プラスする、このやり方なら味は本格派です！

材料（2人分）
じゃが芋（メークイン）——2個
水——1カップ
ホワイトソース缶——½缶
牛乳——½カップ
ハム——2枚
塩・こしょう——各少々
バター——大さじ1

25分

306kcal

作り方

❶鍋に分量の水を入れて、そこに直接、じゃが芋をスライサーで薄切りにし、入れていく。

❷❶を中火にかけ、フタをして5分煮る。

❸❷にホワイトソース、牛乳を加え、再びフツフツしてきたら味をみて、塩・こしょうで調え、火を止める。

❹細切りにしたハムを加え混ぜ、耐熱容器に流す。バターをちぎってところどころにのせる。

❺オーブンに入れ、200度で10～15分焼く。上がこんがりして、クツクツしてきたら、できあがり。

> **お役立ち MEMO**
>
> 54頁にホワイトソースの簡単な作り方がありますが、忙しい人には缶詰がおすすめ。そのまま使うのでなく、牛乳やバターなど、乳製品をプラスすると、味がグンとアップします。

野菜

絹さやと麩(ふ)の煮物

麩にじわっとしみ込んだおいしい煮汁が、和食好きにはたまりません。
すぐ戻る小さい麩は、煮物や汁物にとても重宝。

材料（2人分） 10分
- 絹さや —— 50g
- 麩（乾）—— 1カップ（20g）
- ⓐ だし汁 —— 1.5カップ
  - みりん —— 大さじ1
  - 塩 —— 小さじ½
  - 薄口醤油 —— 小さじ½

74kcal

作り方
❶ 麩はたっぷりの水で戻し、両手でそっと水気を絞る。
❷ 絹さやはスジを取り、味がしみ込みやすいよう、斜め2つに切る。
❸ 鍋にⓐを入れ中火にかける。フツフツしてきたら、❶の麩を入れ、表面を平らにならす。3分煮てプクッとふくれた感じになったら、絹さやを上にのせフタをして3分煮る。
❹ 食べる直前まで、煮汁につけたまま余熱に置くと、じんわり味がしみ込んでおいしい。

お役立ちMEMO
乾物は日本の大切な保存食です。たいていは水で戻してから使います。麩の種類は形も色もいろいろ。最近の麩は戻す時間が短くなってうれしい。

心まであったまる……

おかず汁物

汁物

ホッとするけんちん汁

野菜たっぷりの汁物です。
材料を炒めないのでさっぱりとやさしい味。
けんちんは基本的に塩味がベース。
だからどんな料理にも組み合わせOKです。

20分

作り方
❶ 大根とにんじんは薄いいちょう切りにする。里芋は2cmの輪切りにする。長ねぎは2cm長さに切る。
❷ 鍋にだし汁、大根、にんじん、里芋を入れて、中火にかける。
❸ フツフツしてきたら、塩、酒を加え、フタをして弱火で10分煮る。
❹ 野菜が柔らかくなったら、豆腐を2cm角位に切って入れ、長ねぎも加える。
❺ 豆腐が温まったら、ⓐの水溶き片栗粉を加える。味をみて、醤油、みりんで調える。
❻ 椀に盛りつけ、生姜をのせ、七味唐辛子をふって食べる。

材料（2人分）
大根 —— 2.5cm
にんじん —— 2.5cm
里芋 —— 2個
木綿豆腐 —— ½丁
長ねぎ —— ½本
だし汁 —— 2.5カップ
塩 —— 小さじ½
酒 —— 小さじ2
ⓐ ┌ 片栗粉 —— 小さじ1
　 └ 水 —— 小さじ1
醤油 —— 少々
みりん —— 少々
生姜（すりおろし）—— 適量
七味唐辛子 —— 適量
134kcal

料理のPOINT
具沢山の汁物の時は、サイズを切りそろえるのが大事。なぜかというと、口に入った時食べやすくするためと、煮上がり時間を同じにするため。また仕上がりもきれいです。

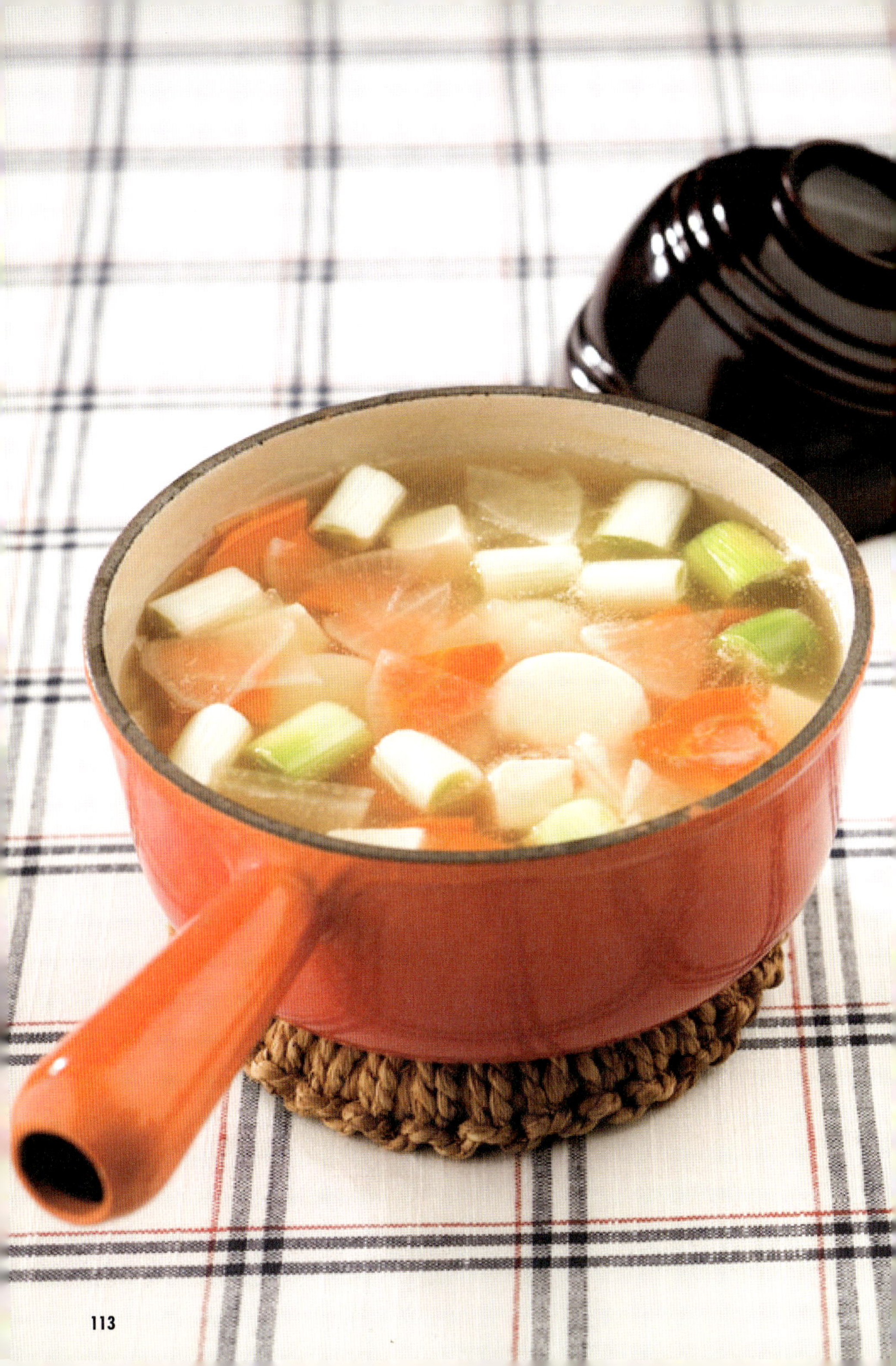

汁物

人気の豚汁

定番の人気汁物といえば豚汁です。豚ばら肉とごぼうさえあれば、あとはあるものでOK。根菜類がたっぷり食べられます。意外なことに、隠し味にこしょう。これがおいしい！

材料
- 豚ばら肉 —— 150g
- ごぼう —— 10cm
- 大根 —— 3cm
- にんじん —— 3cm
- サラダ油 —— 小さじ1
- 水 —— 2.5カップ
- 木綿豆腐 —— ½丁
- みそ —— 大さじ2
- こしょう —— ほんの少々
- 細ねぎ（小口切り）—— 適量

428kcal

20分

作り方

❶ごぼうはささがきにする。大根とにんじんは3cm位の棒状に切る。豚肉は2cm幅に切る。

❷鍋にサラダ油を入れて中火にかけ、ごぼうを炒める。ごぼうのいい香りがしてきたら、豚肉を炒める。

❸豚肉の色が変わったら、火を強め、大根、にんじんを加えて炒める。

❹全体が熱々になったら、分量の水を加える。フタをして10分ほど煮る。

❺2cm角位に切った豆腐を加え、みそを溶かし入れる。こっそり…というくらいの量のこしょうをパパッとふる。

❻椀に盛りつけ、細ねぎを散らす。好みで七味もおいしい。

お役立ちMEMO
汁物には決まりの切り方はありません。野菜に早く火を通したい時は、いちょうの薄切りにします。

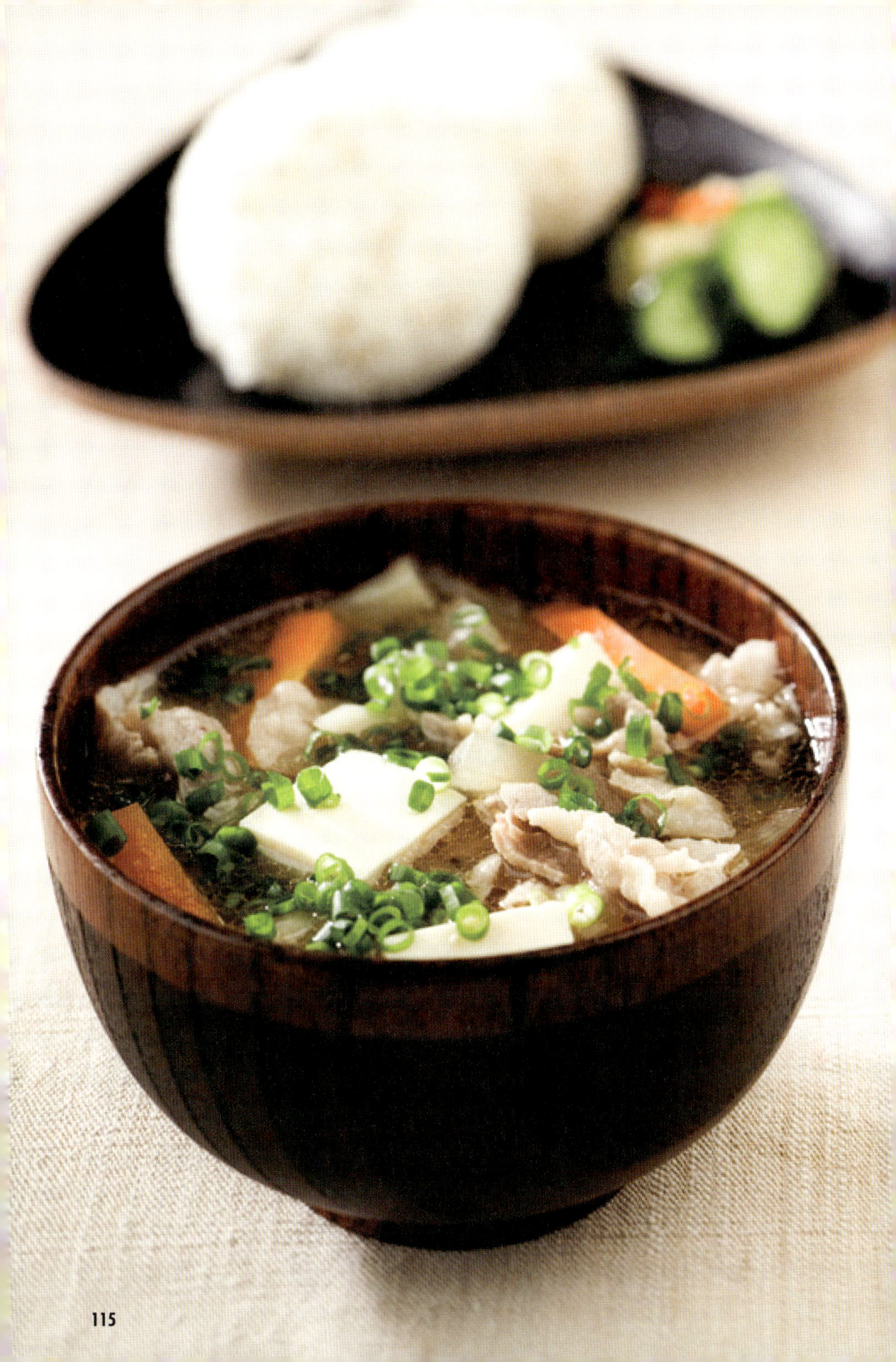

汁物

きのこすいとん

このすいとんは、なんと餃子の皮です！鶏とだしの出る野菜がいっぱいの薄い醤油味。なめこのトロミでとっても食べやすい。

料理のPOINT
餃子の皮も素材は小麦粉。ギューッとつぶして、汁に入れれば立派なすいとんです。

材料（2人分）
- 鶏もも肉 —— 100g
- 塩 —— 小さじ½
- 大根 —— 4cm
- 餃子の皮 —— 8〜10枚
- 生椎茸 —— 4枚
- なめこ —— 1パック
- 長ねぎ —— 10cm
- だし汁 —— 3カップ
- 醤油 —— 小さじ2
- 酒 —— 小さじ1

201kcal　**15分**

作り方
❶ 大根は薄いいちょう切りにする。椎茸は細切りにする。なめこはザルに入れて、ざっと水洗いする。長ねぎは斜めに切る。鶏肉は食べよく切り、分量の塩をふっておく。
❷ だし汁と大根を火にかける。フツフツしてきたら、鶏肉を入れる。
❸ 鶏肉の色が変わったら、餃子の皮をギュッとつぶしながら入れていく。火を弱め5分程煮る。
❹ 醤油と酒で味を調え、椎茸、なめこ、長ねぎを加え、ひと煮したらできあがり。

五目つみれ汁

寒くなると食べたくなるのがつみれ汁ですね。みそ味なので、じゃが芋と豆腐はぜひ欲しい。ねぎは汁物の必需品です！

材料（2人分）
- イワシのつみれ —— 6個
- ごぼう —— 10cm
- じゃが芋 —— 1個
- にんじん —— 5cm
- 木綿豆腐 —— ½丁
- 水 —— 3カップ
- みそ —— 大さじ2～3
- 細ねぎ（小口切り） —— 適量
- 溶き辛子 —— 適量

290kcal

20分

作り方

❶ ごぼうはささがきにして、水でザッと洗う。豆腐は2cm角に切る。
❷ じゃが芋は一口大に切る。にんじんは薄いいちょう切りにする。
❸ 鍋に分量の水を煮立て、ごぼうを入れる。フツフツしてきたら、つみれとじゃが芋、にんじんを入れて10分程煮る。
❹ 野菜が柔らかくなったら豆腐を入れ、温まったらみそを溶かし入れる。細ねぎをたっぷり散らす。薬味は実は溶き辛子がよく合う。なければ七味唐辛子でも。

お役立ちMEMO
写真はイワシのつみれですが、他にイカ、エビなどでもおいしい。

ミネストローネ

汁物

パスタ入り野菜たっぷりトマト味スープです。野菜は全部コロコロに切ることが大事。早ゆでパスタを使えばぐっと時間短縮です。

材料（2人分）
- にんにく（みじん切り） —— 少々
- ベーコン —— 2枚
- サラダ油又はオリーブ油 —— 小さじ1
- トマト —— 1〜2個
- セロリ —— 10cm
- ピーマン —— 1個
- ズッキーニ —— ½本
- マカロニ —— 50g
- 水 —— 3カップ
- 固形スープの素 —— 1個
- 塩・こしょう —— 各少々
- 粉チーズ —— 適量

219kcal　20分

作り方
❶ 野菜はすべて1cm角のコロコロに切る。ベーコンは1cm幅に切る。鍋に油、にんにく、ベーコンを入れ、中火にかけて炒める。
❷ ベーコンから脂が出てきたら、野菜を加えて強火で炒める。全体に油がまわったら分量の水と固形スープの素を加える。
❸ フツフツしてきたら、マカロニを加える。最初のころは、マカロニがくっつかないように時々混ぜながら、マカロニが柔らかくなるまで10分程煮る。
❹ 味をみて塩・こしょうで調える。粉チーズをふって食べる。

かぶとベーコンのスープ

あっという間にできたとはとても思えない味！かぶ本来のうまみをしみじみ味わえる幸せな気持ちになるスープです。

材料（2人分）
- かぶ —— 3個
- ベーコン —— 2枚
- 水 —— 2.5カップ
- 固形スープの素 —— 1個
- 塩・こしょう —— 各少々

89kcal

15分

作り方
1. かぶは葉の部分がきれいなら、1cm程残す。皮をむき、縦4～6等分に切る。
2. ベーコンは細かく刻む。
3. すべての材料を鍋に入れ、中火にかける。フツフツしてきたら、フタをして火を弱め10分程コトコト煮る。
4. かぶが柔らかくなったら、味をみて塩・こしょうで調える。

お役立ちMEMO
かぶの皮は食べられますが、急ぐ時は皮をむいた方が火の通りが早い。そのうえ、食感もなめらかになります。

小林カツ代キッチンスタジオ

小林カツ代が設立した料理のスペシャリストの会社。料理本の著作・監修から携帯サイトでのコンテンツの発信、企業などへの食品・レシピアドバイス、料理教室、雑誌・テレビまで幅広く活躍。
近著は『カツ代レシピ みんなが選んだ88の味』『カツ代のまかないレシピ』（家の光協会）、『小林カツ代の いただきます ごちそうさま』（合同出版）、『小林カツ代料理の辞典』『キッチン・ルール』（朝日出版社）他多数。

小林カツ代

本田明子★

中島さなえ《料理制作》★

★撮影／鈴木正美

小林カツ代のあっという間のおかず

2008年2月1日　第1刷発行
2017年9月5日　第9刷発行

著　者	小林カツ代キッチンスタジオ
発行者	佐藤　靖
発行所	大和書房
	東京都文京区関口1-33-4　〒112-0014
	電話 03(3203)4511
ブックデザイン	白水靖子・干場麻代（アクシャルデザイン）
撮影	黒部　徹
イラスト	くぼた尚子
校正	今川真佐子
カロリー計算	伏島京子
クロス協力	黒部スタジオ
印刷所	歩プロセス
製本所	ナショナル製本

©2008 Kobayashi Katsuyo Kitchin Studio Co.,Ltd. Printed in Japan
ISBN978-4-479-78176-9
乱丁・落丁本はお取替え致します。　http://www.daiwashobo.co.jp